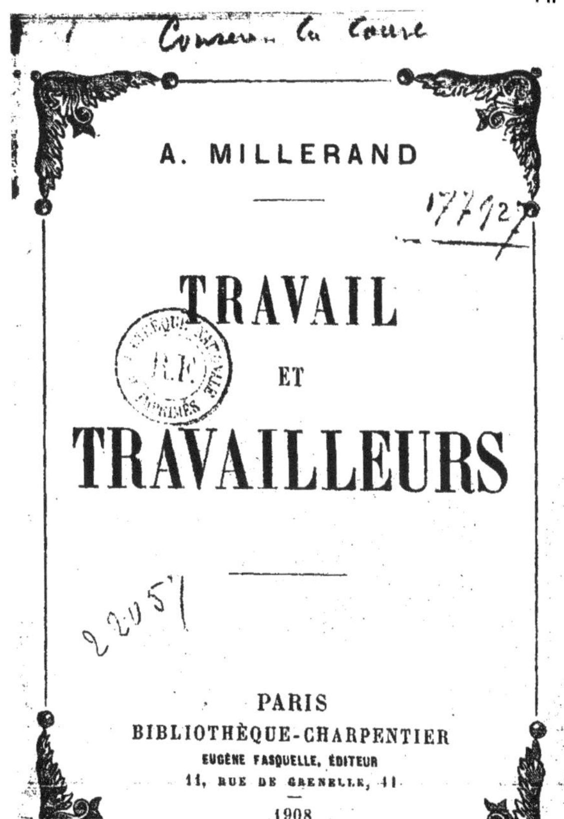

A. MILLERAND

# TRAVAIL ET TRAVAILLEURS

PARIS
BIBLIOTHÈQUE-CHARPENTIER
EUGÈNE FASQUELLE, ÉDITEUR
11, RUE DE GRENELLE, 11

1908

# TRAVAIL

ET

# TRAVAILLEURS

IL A ÉTÉ TIRÉ DE CET OUVRAGE :

*Cinq exemplaires numérotés sur papier de Hollande.*

A. MILLERAND

# TRAVAIL ET TRAVAILLEURS

PARIS
BIBLIOTHÈQUE-CHARPENTIER
EUGÈNE FASQUELLE, ÉDITEUR
11, RUE DE GRENELLE, 11
1908

# INTRODUCTION DE L'ANNOTATEUR

M. Millerand a bien voulu laisser à l'annotateur le soin de dégager de cet ouvrage les idées qui l'inspirent. Aussi cette manière de préface est-elle, plutôt qu'un commentaire, une brève recherche des principes, de la méthode, des fins qui commandent l'œuvre politique et sociale de l'ancien ministre du cabinet Waldeck-Rousseau.

Les discours que ce volume présente au public aujourd'hui sont moins des manifestations oratoires que des actes. En les prononçant aux heures où les circonstances les rendaient nécessaires, M. Millerand n'a point eu le dessein de composer des « morceaux d'éloquence », au sens où s'entendait naguère cette expression. Il a voulu convaincre plutôt que persuader, et s'il est vrai qu'on persuade quelquefois par des paroles enflammées, on ne convainc jamais qu'avec la logique et la raison.

Les pages qu'on va lire ont donc pour origine et pour fin des réalités précises. Chaque discours commente des faits et les interprète ; il se préoccupe des seuls résultats et n'attend que de son propre équilibre, de sa clarté, de sa loyauté, sa véritable éloquence. M. Millerand ne demande point aux grandes théories, à la métaphysique, aux dogmes absolus, de décevantes perspectives, pas plus qu'il n'emprunte ces vains ornements oratoires dont on pare habituellement la pensée pour en dissimuler l'indigence ou l'incertitude. Il parle un langage sobre et franc, immédiate expression de réalités saisissables, et c'est peut-être dans ce rapport étroit, constant, de l'idée, du terme et du fait que réside l'un des meilleurs mérites de ce recueil.

Échelonnés sur une période d'environ dix années, les discours réunis ici par les soins de l'éditeur résument par leur objet même la politique de progrès social dont M. Millerand est, au Parlement et dans le pays, l'artisan le plus qualifié. Les querelles desséchantes de mots et de dogmes où s'absorbent trop souvent nos assemblées parlementaires n'ont jamais, en effet, retenu l'attention ni sollicité l'activité de l'ancien ministre du Commerce. On n'a point oublié les raisons au nom desquelles M. Millerand s'est, à plusieurs reprises, défendu de prendre part à ces controverses et de collaborer à cette politique passionnée qui entretiennent dans le pays la plus néfaste et la plus stérile agitation. Désireux de travailler, dans la paix des consciences, au bien public, M. Millerand s'est constamment affirmé, depuis qu'il appartient au Parlement, épris d'un idéal de réformes pratiques et positives.

Ennemi de la violence et des solutions brutales dont l'apparente harmonie théorique abuse quelquefois les travailleurs, résolu en même temps à ne rien admettre qui puisse atteindre la prospérité économique et la force nationale de ce pays, M. Millerand a toujours eu loyalement en vue des progrès dont la réalisation appartient non point à un avenir éloigné où les responsabilités actuelles auront disparu, mais à l'heure présente. Aussi, le nom de l'ancien collaborateur de Waldeck-Rousseau est-il attaché au plus grand nombre des « résultats » que le Parlement a pu inscrire à l'actif de la législation ouvrière et de l'organisation du travail.

A maintes reprises, M. Millerand s'est plu à rappeler le vieil aphorisme de Leibniz : la nature ne fait pas de sauts. Tout le secret de sa méthode, de sa tactique pourrait-on dire, réside dans cette constatation de l'enchaînement ininterrompu et de la logique intérieure des phénomènes. Appliqué à son effort, cet axiome en a déterminé et orienté toutes les manifestations. La continuité des faits, à quelque ordre qu'ils appartiennent, est indissoluble, et M. Millerand s'est gardé de méconnaître les règles qu'impose à la conscience d'un homme politique cette loi des choses. Aussi ses initiatives, ses efforts, comme les discours qui en sont le strict commentaire, ont-ils leurs racines — qu'on nous passe cette image — dans la réalité du moment.

Tandis qu'à vouloir amorcer des transformations qui ne seraient que des bouleversements, certains épuisent vainement une éloquence excessive, M. Millerand préféra toujours définir et mettre en œuvre, dans la mesure du possible, les progrès dont l'ordre social présent peut loyalement et sans crise accepter la charge. L'ancien collaborateur de Waldeck-Rousseau n'a-t-il pas, à toutes les heures de sa carrière, professé qu'à la méthode révolutionnaire fatalement impuissante une démocratie digne de ce nom se devait de substituer l'évolution qui permet, seule, de ne pas séparer les intérêts de la nation de ceux de la patrie? Qui ne voit au reste aujourd'hui que l'évolution d'un grand peuple est faite de ces progrès raisonnés, adaptés au présent, mesurés aux forces du pays, et qui sont l'œuvre non des rhéteurs mais des hommes d'action et de méthode?

*
* *

Ce n'est pas l'un des moindres mérites de M. Millerand que l'habitude rigoureuse de ne parler que pour agir. Cette préoccupation en quelque sorte utilitaire détermine jusqu'à la forme même de ses discours. Pour convaincre, en effet, le Parlement et le pays, de l'urgence d'une réforme, pour en faire admettre le principe et les conséquences, pour la réaliser enfin dans le moindre temps, il faut savoir s'en faire le meilleur avocat, il faut l'exposer, l'analyser, la justifier avec autant d'insistance que de clarté. A plusieurs reprises, et dans des occasions qu'on n'a point oubliées, M. Millerand s'est très heureusement acquitté de cette tâche, et l'on a pu dire avec raison de ses discours qu'ils étaient, à ce point de vue, des modèles. Vigoureux, pressants, ils font appel à notre raison en même temps qu'à notre sensibilité; voici longtemps qu'on en loue la solidité faite d'équilibre et de franchise. De l'exorde à la fin, ils se développent dans un ordre logique. Chacun d'eux vaut comme une démonstration. De quelque rigueur que s'entourent les raisonnements qui y sont présentés, l'intelligence du sujet demeure entière, parce que la forme choisie est l'expression la plus simple et la plus nette, la plus frappante de la pensée.

Pour avoir mis tant de clarté au service de ses idées, M. Millerand a pu traiter avec succès les points les plus complexes devant les auditoires les plus divers. C'est ainsi qu'il faut placer hors pair cette récente campagne des retraites ouvrières dont on retrouvera plus loin les manifestations oratoires les plus significatives.

*
* *

Étudiées dans leur esprit et dans leur lettre même, ces pages composent sur la personnalité de l'ancien ministre du Commerce, un document psychologique très expressif. M. Millerand est bien, en effet, l'homme de ses paroles; il les justifie comme elles l'expliquent; à travers son langage pressant et dense, on retrouve la ténacité opiniâtre qui caractérisa toujours son action; la logique même des termes, l'armature des phrases décèlent l'ordre de l'esprit, sa discipline, sa méthode, son implacable netteté et jusqu'à la précision concrète des fins où il tend.

Enfin, qu'on en partage ou non l'esprit et les conclusions, ces discours sont avant tout des œuvres de franchise et de loyauté. Des œuvres de franchise, certes : des débats parlementaires dont le souvenir est encore dans toutes les mémoires sont là pour l'attester. Au risque de déconcerter ceux qui pratiquent l'art des hésitations opportunes, M. Millerand, dans toutes les questions vives, a nettement pris position. Plaçant au-dessus des convenances de parti l'intérêt supérieur du pays et de la démocratie, il a donné à ses idées comme à ses convictions l'expression la plus ferme, et cela au moment même où l'on n'était que trop tenté d'éluder, par l'équivoque, des responsabilités nécessaires.

Des œuvres de loyauté : la lecture de ces pages en est le plus sûr témoignage. A quelque catégorie de citoyens qu'il s'adresse, M. Millerand s'efforce de faire connaître toute sa pensée, toute la vérité. Expose-t-il à des travailleurs l'économie d'une réforme qui leur assure des droits nouveaux, il ne manque pas, au même moment, de définir les devoirs qui forment la rançon de ces droits. S'il fait valoir tous les bons effets, il précise aussi, pour ne rien céler, toutes les conséquences économiques et sociales, proches ou lointaines.

L'usage des libertés et du pouvoir, que réclame la démocratie socialiste, ne se peut concevoir que soumis au contrôle d'une raison de plus en plus équilibrée, d'une conscience assez forte pour réfréner les passions et les violences. C'est là un contrat moral tacite qu'on néglige assez souvent, par une certaine pusillanimité, de rappeler au prolétariat. M. Millerand ne s'en fait pas faute cependant; il y revient, il y insiste à maintes reprises. Ces appels confiants et renouvelés à la dignité, à la force morale de la classe ouvrière, donnent le ton de l'éloquence que l'ancien ministre du Commerce apporte à défendre la cause du progrès social.

Cette loyauté voulue n'est pas chez lui brusquerie, mais clairvoyance et vue saine des choses. Préoccupé de la prospérité économique du pays, garantie et condition de son évolution sociale, M. Millerand sait distinguer, entre les droits que la loi confère pour sa défense au prolétariat, ceux dont l'exercice est un danger pour la nation. Si incontestablement légitime, si nécessaire même qu'elle puisse paraître, la grève, par exemple, n'en est pas moins un mal dont la fréquence menace l'équilibre même de l'industrie nationale. Tandis que certains sont portés à la considérer comme une affirmation brutale, prompte et commode de la puissance de la classe ouvrière, M. Millerand n'y veut voir qu'une extrémité redoutable, aux conséquences fatales pour le pays. Pour éviter d'y être conduit, il faut courageusement accomplir l'œuvre pratique qui doit rendre inutile et impossible à la fois le geste désastreux de la grève. Et M. Millerand propose de multiplier les organes légaux de conciliation et d'arbitrage, de fonder à l'usine, en regard de l'autorité patronale, la collectivité ouvrière qui devra confier à ses délégués élus le soin de défendre ouvertement et régulièrement auprès des chefs d'industrie ses intérêts professionnels.

A la grève, à la violence qui fomente ces crises ruineuses d'où sortent également épuisés patrons et ouvriers, vaincus tous deux par l'industrie étrangère, M. Millerand veut substituer l'ordre et la paix laborieuse par l'entente loyale des intérêts généraux et des intérêts corporatifs, étroitement unis. Cette organisation du travail et de la production accompagne sans l'entraver jamais l'évolution économique du pays ; elle tend à réaliser par un ensemble de réformes progressives et appropriées la transformation rationnelle qu'on ne saurait attendre que d'un peuple brave, riche et fort. L'harmonieux accord de la politique économique et de la politique sociale, comme aussi l'intelligence de nos grandes traditions et de notre génie propre, ont donc dominé et guidé les actes de l'ancien ministre du Commerce. C'est à cette compréhension exacte des lois du progrès social, d'une part, et, d'autre part, des exigences de l'évolution française, que ses initiatives doivent d'avoir été particulièrement fécondes.

Au ministère à la tête duquel il demeura placé pendant trois années, M. Millerand a entrepris et mené à bien la réalisation de réformes précises. Les dispositions dont elles ont doté la législation ouvrière ont apaisé bien des conflits et réglé bien des difficultés, en même temps qu'elles accroissaient le patrimoine des travailleurs. C'est le meilleur témoignage de l'esprit de progrès et d'équité qui les animait.

Enfin, dans les interventions fameuses qui ont marqué son passage au pouvoir, M. Millerand s'est inspiré du même souci de l'ordre et de l'évolution par la paix. On n'a point oublié les redoutables conflits du travail dont fut accompagné l'avènement, pour la première fois au ministère, d'un socialiste français. Les grandes grèves du Creusot et de Montceau-les-Mines, qui semblaient puiser dans les circonstances politiques du moment une âpreté particulière, imposaient au ministère Waldeck-Rousseau de lourdes et subites responsabilités. Le président du Conseil, à qui M. Millerand apporta, dans ces circonstances difficiles, une aide particulièrement efficace, parvint cependant à résoudre le conflit, en sauvegardant à la fois, malgré les violences, les intérêts des travailleurs et les droits de l'industrie.

On associe depuis quelque temps en France le nom de M. Millerand à ces retraites ouvrières dont l'ancien ministre du Commerce fût, en effet, le meilleur artisan. Il n'est point de notoriété politique plus précieuse que celle qui peut évoquer ainsi de tels titres. Dans ce sens, d'ailleurs, M. Millerand s'est acquis bien d'autres droits à la reconnaissance de la démocratie ouvrière. Rappellerons-nous qu'en 1900, ministre du Commerce, il obtint du Parlement le vote de la loi qui ramenait à dix heures la journée de travail. L'événement eut un retentissement considérable, qu'explique assez l'amélioration générale qu'il introduisait soudain dans les conditions de la vie ouvrière. Le ministre suivit de près, à la grande satisfaction des travailleurs, la mise en application progressive de la réforme, et sur tout le territoire, aujourd'hui, on applique cette loi Millerand.

N'est-ce pas aussi à M. Millerand, alors président de la Commission d'assurance et de prévoyance sociales, qu'on doit en grande partie le vote de cette loi sur l'assistance aux vieillards et aux infirmes dont M. Dubost, président du Sénat, a pu dire « qu'elle n'avait encore son équivalent nulle part ». Mais c'est plus particulièrement, semble-t-il, dans les transformations apportées ou proposées à la charte du travail qu'il y a lieu de noter les initiatives heureuses de M. Millerand. Faut-il citer, pour mémoire, les projets ou propositions de loi, élaborés et défendus par ses soins, étendant la capacité des syndicats, créant des caisses de chômage, organisant à l'usine la collectivité ouvrière, réglant à l'amiable et par l'arbitrage obligatoire les différends relatifs aux conditions du travail. Certains décrets rendus en 1899 par M. Millerand, ministre du Commerce, sont d'autre part justement notoires; ils assurent dans les marchés passés au nom de l'État un maximum de garanties aux ouvriers, une égalité de droits aux associations ouvrières et aux syndicats patronaux. C'est l'État qui donne ainsi l'exemple. D'autres décrets, jugés en leur temps fort audacieux, ont créé dans notre législation ouvrière des organes nouveaux destinés à accroître pacifiquement en puissance et en capacité le droit syndical. C'est à M. Millerand qu'on doit, en effet, l'établissement des Conseils du Travail; c'est à lui surtout que revient l'honneur d'avoir réorganisé, dans un esprit de haute sagesse, le Conseil supérieur du Travail, où les représentants des syndicats ouvriers et patronaux se concertent directement, en vue d'améliorer, sans porter atteinte à la production, la réglementation du travail.

Bien d'autres initiatives vaudraient d'être rappelées qui feraient apprécier la part qu'a prise M. Millerand aux grands projets d'intérêt général. On retrouvera d'ailleurs dans ce livre quelques-uns des discours consacrés à notre marine, à nos travaux publics, à d'autres questions vitales. L'ampleur de vues qui s'y découvre caractérise assez les préoccupations constantes de M. Millerand pour qu'il soit superflu d'y insister. Il nous aura donc suffi de donner à grands traits, en ces quelques pages, les lignes générales de l'œuvre de l'ancien ministre du cabinet Waldeck-Rousseau.

C'est aux résultats que doit se mesurer l'effort. Ici l'effort accompli fut exceptionnellement fécond et novateur. Il a triomphé des résistances qu'on oppose non pas aux discours, mais aux idées qu'on fait passer de la puissance à l'acte. C'est que l'œuvre de M. Millerand n'est point une suite d'intentions exprimées, mais un enchaînement de faits, de réalisations. Voilà ce qui la distingue et la rehausse. Toute de logique, de volonté et de raison, elle sert mieux qu'aucune autre la cause du progrès social, celle des travailleurs et du pays. C'est un bel exemple de ce que peut une énergie quand elle s'appuie sur un caractère.

# TRAVAIL ET TRAVAILLEURS

## I

## HOMMAGE A WALDECK-ROUSSEAU

*Paris*, 24 *Mars* 1905.

Les amis personnels et politiques de Waldeck-Rousseau eurent la pensée de se rencontrer périodiquement, en une réunion amicale où la mémoire de l'ami et du maître regretté serait évoquée.

Le premier dîner, qui eut lieu le 24 mars 1905, fut présidé par M. Millerand. Voici l'allocution qu'il y prononça :

J'ai appris à la fois que, sur l'initiative de M. Marcel Fournier, quelques disciples et amis de Waldeck-Rousseau avaient décidé d'instituer sous son nom une réunion périodique, et qu'ils m'avaient fait lè grand honneur de penser à moi pour présider la première.

Beaucoup d'entre vous ont eu le bonheur, que je leur envie, d'entrer plus tôt que moi dans l'intimité de ce rare esprit et de ce grand cœur. Les cinq années si courtes et si remplies où je l'ai connu ont laissé dans ma vie comme un sillon lumineux. Du jour où il m'élut pour un de ses collaborateurs, je n'ai pris aucune résolution politique de quelque importance sans me demander quel serait son sentiment. Depuis qu'il a disparu d'au milieu de nous, cette préoccupation, loin de s'affaiblir, m'a davantage envahi, et c'est, j'imagine, parce que vous en êtes hantés comme moi, que vous avez accueilli avec tant d'empressement la noble idée qui nous réunit ce soir.

Quelle forme plus touchante et moins contestable de l'immortalité que cette survivance des vertus et des leçons de nos grands morts? Au fur et à mesure que le temps s'écoule, qui apaise tout, leur œuvre se dégage du tumulte et de la poussière des combats pour apparaître en pleine lumière. Déjà, pour Waldeck-Rousseau, la justice a commencé. Certes, l'heure où ce grand républicain laïque donna à son pays les deux conquêtes qui suffiraient à garder sa mémoire de l'oubli : la loi des syndicats professionnels et la loi des associations, cette heure est trop proche encore pour que déjà la passion ait cédé la parole à l'équité. Je ne crois pas que l'admiration ni l'affection m'abusent si je dis que

Waldeck-Rousseau n'attendra pas longtemps les justes réparations.

Un mot définit sa vie et son œuvre : sérénité. Ses discours sont un modèle d'équilibre et de raison. Parce que la passion s'y dissimule, des observateurs superficiels ont taxé Waldeck-Rousseau d'indifférence et de froideur. Vous qui l'avez aimé, vous savez à quel point ce jugement s'éloignait de la vérité. D'une sensibilité aiguë sous son aspect fermé, il ressentait avec une vivacité et une profondeur singulières les moindres incidents et toutes les émotions des luttes où le devoir l'engageait. Mais il avait comme la pudeur de ses sentiments intimes, et il fallait le bien connaître pour discerner à d'imperceptibles signes ses agitations intérieures. Nul mieux que lui ne sut se dominer; nul plus que cet orateur de race ne connut le prix du silence. Un mot lui suffisait pour se faire entendre de ses amis et de ses collaborateurs. Il avait le dédain des paroles inutiles et des ornements superflus. La forme — cette forme impeccable — ne fut jamais pour lui que l'enveloppe de l'idée et l'instrument de l'action.

Une inspiration unique a animé l'homme politique de ses débuts à sa fin. Le trait distinctif de sa carrière fut sa parfaite unité. Entre les conseils qu'il adresse, en 1871, à ses compatriotes de Saint-Nazaire, et les vues qu'il expose, en 1902, devant ses électeurs de la Loire on ne saurait relever, je ne dis pas une contradiction, mais la plus légère discordance. Invariablement fidèle aux mêmes conceptions, il était condamné à connaître tour à tour la faveur et l'ostracisme des partis. Il avait l'âme trop haute pour se laisser détourner de sa route par la flatterie ni par l'injure.

Défenseur passionné et exclusif des intérêts permanents et supérieurs de la Patrie qu'il identifiait avec la République, il était de la lignée des Gambetta et des Jules Ferry, de ces grands réalistes, à l'école et dans la fréquentation desquels il vécut. Comme eux, il avait, en même temps que la volonté du progrès et la préoccupation de l'avenir, le souci du passé, l'intelligence et le respect de la tradition. Il ne croyait pas qu'une grande nation formée par les siècles fût une table rase susceptible de subir sans préparation et sans dommage toutes les expériences. D'ailleurs, ouvert à toutes les idées, il ne leur reprocha jamais d'être hardies, il ne leur demandait que d'être sensées.

Avec quel accent il sut parler du peuple, quelles furent la sincérité et l'ardeur de sa foi démocratique, ceux-là le savent qui n'ont pas oublié le discours qu'il prononça au Sénat, en 1884, dans la discussion de la loi sur les syndicats, le jour où, comme élevé au-dessus de lui-même par la réputation et le nom de son adversaire, il fit à Allou sa foudroyante réplique.

Il est juste, il est bon que les républicains, que les Français conservent pieusement la mémoire de Waldeck-Rousseau, de ce noble serviteur de la démocratie et de la France. En nous retrouvant à des intervalles rapprochés, dans des réunions amicales comme celle-ci, toutes remplies de son souvenir, nous aurons la consolation de penser que notre ami ne nous a pas quittés tout entier, puisque, par delà la vie, il continue à nous instruire et à nous guider.

## II

# AU MINISTÈRE DU COMMERCE

### INAUGURATION DE L'EXPOSITION

15 *Avril* 1900.

Le 15 avril 1900, M. Loubet, Président de la République, ayant à ses côtés les présidents des deux Chambres et tous les membres du Gouvernement, ouvrit officiellement l'exposition universelle.

M. Millerand, qui avait dans ses attributions les services de cette œuvre colossale, la présenta dans le discours qu'on va lire.

Monsieur le président de la République,
Monsieur le président du Sénat,
Monsieur le président de la Chambre des députés,
Messieurs,

L'effort persévérant, l'énergie passionnée de M. Alfred Picard et de ses collaborateurs ont mené à terme l'œuvre prodigieuse que je vous présente aujourd'hui. On ne saurait, sans commettre d'injustice, vouloir extraire des noms de la liste touffue d'artistes, d'ingénieurs, d'entrepreneurs, d'industriels, qui furent les artisans de ces merveilles. Je les louerai, et avec eux l'innombrable légion des travailleurs anonymes dont les mains ont édifié ces palais, en adressant l'hommage de la gratitude publique à leur chef, à l'ingénieur émérite, à l'administrateur hors pair, à l'homme de modestie, de labeur et de volonté, qui les a conduits à la peine et à l'honneur.

L'univers s'est associé à la France dans cette entreprise gigantesque. Le Gouvernement de la République remplit un devoir bien doux d'hospitalité et de reconnaissance en exprimant ses remerciements aux souverains, aux chefs d'État, aux peuples amis qui ont montré tant d'empressement et de bonne grâce à accueillir notre invitation.

Le visiteur de l'Exposition leur devra ce miracle de pouvoir en quelques minutes faire le tour du monde. Des types de toutes les architectures, groupés côte à côte, sur les deux rives de la Seine, en un chatoyant et harmonieux désordre, captiveront son imagination en amusant ses yeux.

Et, par une naturelle association d'idées, ce décor fera naître en son esprit cette réflexion, où se résume comme la moralité de ces assises internationales, que, si éloignés qu'ils paraissent les uns des autres par l'éducation, la coutume et le préjugé, tous, fils de races variées, citoyens de nationalités diverses, appartiennent à la même famille, dont leur devoir comme leur intérêt est de travailler à grossir le commun patrimoine de science et de beauté.

Quels progrès peuvent être réalisés, quelles transformations opérées, en l'espace seulement de trois générations, un regard jeté sur l'exposition centennale suffira à nous le révéler.

L'heure viendra où d'autres voix plus autorisées que la mienne feront l'inventaire des trésors artistiques que renferment ces édifices. Je bornerai mon ambition à rappeler comment s'est renouvelée, en cent ans, la face du monde matériel.

Les mots manquent pour rendre la grandeur et l'étendue de cette révolution économique. Sous notre main nous avons vu les forces de la nature s'asservir et se discipliner. La vapeur, l'électricité, réduites au rôle de servantes dociles, ont transformé les conditions de l'existence.

La machine est devenue la reine du monde. Installé en maître dans nos usines, l'organisme de fer et d'acier chasse et remplace, par un lent et continu envahissement, les travailleurs de chair et d'os dont il fait ses auxiliaires.

Quel changement dans les relations humaines ! Les distances diminuent jusqu'à disparaître. En quelques heures sont dévorés des parcours qui ne s'accomplissaient jadis qu'au prix de jours et de semaines. Le téléphone fait entendre à notre oreille la parole et jusqu'au timbre de la voix d'un ami séparé de nous par des centaines de lieues...

Pendant que croissent à l'infini l'intensité et la puissance de la vie, la mort elle-même recule devant la marche de l'esprit humain.

Le génie d'un Pasteur, pur bienfaiteur de l'humanité, dont la gloire n'est attristée d'aucune ombre, centuple le pouvoir de la chirurgie et de la médecine. Le mal, saisi à son origine, isolé, cède ; et voici qu'apparaît à l'horizon prochain l'époque heureuse où les épidémies, qui ravageaient les cités et décimaient les peuples, ne seront plus que les souvenirs terrifiants et comme les légendes du passé.

Ainsi la science multiplie, avec une admirable prodigalité, les moyens qu'elle met à la disposition de l'homme pour plier à ses lois les forces extérieures ou se garantir de leur hostilité.

Elle lui rend un plus signalé service en lui livrant le secret de la grandeur matérielle et morale des sociétés qui tient en un mot : solidarité.

Nous sommes les héritiers des fautes comme des mérites de nos pères, et nous écrivons déjà l'histoire de nos fils. Solidaires de nos ancêtres, comment ne le serions-nous pas de nos contemporains? Il n'est pas que des contagions physiques : les maisons pauvres où s'abritent les germes morbides, les cerveaux incultes où fermentent la superstition et la haine, constituent des périls dont une intelligente prévoyance suffirait à nous convaincre qu'il faut hâter la disparition. Triompher de l'ignorance, vaincre la misère, quel plus haut, quel plus pressant devoir social? Si l'altruisme n'était le plus généreux et le plus doux des sentiments, qui trouve en lui-même sa récompense, il puiserait dans l'intérêt personnel sa plus solide justification.

Jugez ses progrès à ses œuvres : institutions de prévoyance, d'assistance, de mutualité, syndicats, associations de tout genre destinées à grouper en un faisceau résistant les faiblesses individuelles — autant de témoignages de la solidarité humaine.

Elle vise à atténuer, au sein de chaque nation, les inégalités choquantes nées de la nature ou du régime social; elle se propose d'unir dans les liens d'une fraternité véritable les enfants d'un même peuple. Ses effets ne s'arrêtent pas aux frontières.

Intérêts, idées, sentiments se mêlent et s'entre-croisent sur toute la surface du globe, comme ces fils légers où vole la pensée humaine.

Bienfaisante complexité, qui nous permet déjà d'entrevoir l'ère nouvelle dont, hier même, une noble initiative posait, à la Conférence de La Haye, les premiers jalons.

Oui, plus fortement se nouent les relations internationales, issues de la multiplicité des besoins et de la facilité des échanges, plus nous avons de raisons d'espérer et de croire qu'un jour viendra où le monde ne connaîtra plus que les rivalités fécondes de la paix et les luttes glorieuses du travail.

O travail, travail libérateur et sacré, c'est toi qui ennoblis et c'est toi qui consoles ! Sous tes pas, l'ignorance se dissipe, le mal s'enfuit. Par toi, l'humanité, affranchie des servitudes de la nuit, monte, monte sans cesse vers cette région lumineuse et sereine, où doit un jour se réaliser l'idéal et parfait accord de la puissance, de la justice et de la bonté.

## LES DÉCRETS DU 10 AOUT 1899

*Chambre des Députés, 4 Juillet 1899.*

M. Beauregard avait posé une question au ministre du Commerce pour connaître les raisons qui avaient déterminé le Gouvernement à prendre l'initiative de régler par un décret les conditions du travail, sans attendre que le projet de loi dont la Commission du travail était saisie fût venu devant la Chambre.

Il prétendait que les décrets que le ministre du Commerce allait rendre étaient illégaux. M. Graux avait, de son côté, contesté l'efficacité de ces décrets, s'ils ne contenaient pas de sanctions pénales.

M. Millerand exposa que l'initiative gouvernementale n'avait en aucune façon l'intention de se substituer à l'initiative parlementaire; que les décrets dont il était question n'étaient pas illégaux, puisqu'ils laissaient au Parlement le soin d'édicter par une loi les sanctions prévues dans le projet soumis aux délibérations de la Commission du travail. Quant à leur efficacité, M. Beauregard, en soutenant sa thèse, avait lui-même répondu à M. Graux en indiquant très judicieusement que la loi civile suffisait à faire respecter les obligations contractées.

Ces decrets du 10 août 1899, plus connus sous le nom de décrets Millerand, sont aujourd'hui insérés dans nombre de cahiers des charges des départements et des communes.

Le projet de loi duquel avait été détachée la partie

qui forme lesdits décrets et que M. Beauregard invoquait pour en combattre la réalisation sous forme de décrets n'avait pas encore été voté à la fin de 1907.

M. MILLERAND, *ministre du Commerce, de l'Industrie, des Postes et des Télégraphes.* — Je remercie l'honorable M. Beauregard de m'avoir fourni l'occasion de renouveler devant la Chambre les déclarations que j'ai eu l'honneur de faire à la Commission du travail. Je le remercie surtout de n'avoir pas renouvelé les accusations qui semblaient se faire jour hier et qui prêtaient au Gouvernement une attitude qui n'a jamais été dans ses intentions. (*Très bien! très bien! à gauche et à l'extrême gauche.*)

Dès notre arrivée devant la Commission du travail, nous lui avons déclaré que si l'initiative gouvernementale avait cru devoir s'exercer, ce n'était en aucune façon pour supprimer ou pour réduire l'initiative parlementaire, mais c'était parce que nous étions convaincus que, dans cette question, il était intéressant que l'une pût se joindre à l'autre. (*Très bien! très bien! sur les mêmes bancs.*)

Qu'avons-nous voulu faire par l'initiative que nous avons soumise à la Commission du travail?

Hier, dans son discours, l'honorable M. Graux posait ce dilemme auquel M. Beauregard a bien voulu répondre. M. Graux disait : Ou bien les décrets que vous allez rendre seront illégaux, s'ils veulent introduire des sanctions aux clauses des cahiers des charges; ou, s'ils ne sont pas illégaux et s'ils ne contiennent pas ces sanctions, ils ne seront pas efficaces.

Je réponds à la première partie du dilemme que les décrets ne sont pas illégaux; car, ainsi que nous avons eu l'honneur de le déclarer à la Commission, nous n'entendons en aucune façon faire par décret ce qu'une loi seule peut faire, et les articles 10, 11 et 12 de la loi, qui édictent des sanctions pénales, ne seront pas — j'ai à peine besoin de le dire — repris par les décrets.

S'ils ne sont pas illégaux, nos décrets sont-ils donc condamnés à demeurer inefficaces? Sur ce point, je n'ai qu'à reprendre la réponse de M. Beauregard. Notre honorable collègue, avec beaucoup de sens, a fait remarquer que, dès aujourd'hui, il n'était pas besoin de sanctions pénales édictées par une loi pour assurer le respect des clauses des cahiers des charges et que la loi civile, que les clauses mêmes de ces cahiers des charges suffisaient à maintenir l'entrepreneur dans le respect des obligations qu'il avait consenties. (*Applaudissements à l'extrême gauche et à gauche.*)

Donc, nos décrets ne seront ni illégaux ni inefficaces. Mais que vont-ils donc faire?

S'ils laissent volontairement de côté une partie des dispositions de la loi que vous aurez à reprendre — et, nous l'espérons bien, à voter,

— dès aujourd'hui, ils feront quelque chose que l'initiative parlementaire proposait de faire par la loi; Je réponds ici d'une façon très précise à la double question précise que m'a posée M. Beauregard.

« Avez-vous l'intention, m'a demandé notre honorable collègue, d'insérer dans les cahiers des charges le salaire minimum et la durée maxima de la journée de travail? »

Que l'honorable M. Beauregard me permette de lui dire qu'il fait bien involontairement une véritable confusion lorsqu'il prend le salaire courant et normal pour le minimum de salaire.

M. Paul Beauregard. — Je n'ai pas dit « le minimum de salaire », j'ai dit « le salaire minimum », ce qui n'est pas du tout la même chose! Toute la distinction est là. (*Exclamations à gauche et à l'extrême gauche.*)

M. Zévaès. — C'est un professeur de *Distinguo.*

M. le ministre. — La confusion est si certaine que lorsque je me suis présenté devant la Commission du travail avec M. le président du Conseil et que j'ai développé en détail les dispositions que nous croyions pouvoir faire figurer dans les décrets, je me suis attiré de la part d'un de mes honorables collègues de ce côté (*l'extrême gauche*) le reproche de ne pas inscrire dans le cahier des charges et de ne pas obliger l'État à insérer dans les cahiers des charges un salaire fixe par lui-même et qui fût vraiment un salaire minimum. On m'a reproché de n'aller que jusqu'au salaire courant et normal. (*Très bien! très bien! à gauche.*) Et j'accepte ce reproche, parce que le Gouvernement — il l'a déclaré et il le répète — n'a qu'une intention, c'est de servir les intentions mêmes manifestées par le Gouvernement précédent et par la Commission du travail en réalisant sous forme de décret les dispositions, et rien que les dispositions de la proposition de loi. (*Très bien! très bien! à gauche.*)

M. PAUL DELOMBRE. — Nous estimions qu'une loi est indispensable, monsieur le ministre du Commerce.

M. LE MINISTRE. — Mais vous entendez bien qu'une distinction doit être faite. Le projet de loi vise à la fois l'État et les communes. Si, pour l'État, rien n'empêche que des dispositions soient déclarées obligatoires, il est certain — et sur ce point le décret ne peut pas aller aussi loin que proposait de le faire la loi qui vous est soumise — il est certain que nous n'entendons pas obliger les communes...

M. DUTREIX. — Voilà la question! Très bien!

M. LE MINISTRE. — ..... à insérer dans les cahiers des charges telle et telle clause; nous leur donnons une faculté : rien de plus! (*Applaudissements à gauche et à l'extrême gauche.*) Cette faculté, elles en useront ou elles n'en useront pas.

M. Morinaud. — C'est là votre collectivisme? Ce n'est pas effrayant!

M. le ministre. — On dit : Ce n'est pas effrayant. Mais vraiment — et c'est par cette observation que je voudrais terminer ma réponse aux demandes de l'honorable M. Beauregard — lorsque nous avons pensé à prendre l'initiative dont je vous fais connaître en ce moment le sens et la portée exacts, d'où donc attendions-nous les reproches et, permettez-moi de le dire, d'où attendions-nous les éloges peut-être? Les reproches, c'était de ceux qui, attachant à ces conditions du travail une très grande valeur, auraient pu reprocher aux décrets d'offrir moins de garanties que la loi. — Les éloges? Je suis bien naïf et bien hardi : j'osais les attendre du centre! (*Vifs applaudissements à gauche et à l'extrême gauche*), j'osais les attendre du parti dont l'un des plus éminents orateurs, l'honorable M. Aynard, dans le très remarquable discours qu'il a prononcé au début de la discussion (*Rires à gauche*), s'exprimait en ces termes :

« L'abus dont on se plaint existerait-il, qu'il serait limité. Dès lors, n'est-il pas excessif, contraire, pour ainsi dire, à la majesté de la loi, de légiférer constamment comme nous le faisons, sous prétexte que l'on se trouve en présence d'abus douteux qui se produiront ou peuvent se produire dans une foule de cas particuliers?

Si l'on a constaté des abus dans les adjudications et dans l'application de l'ordonnance de 1837, ce n'est pas une raison pour édicter un règlement s'étendant à tout le vaste monde du travail. »

M. Aynard. — Voulez-vous me permettre un mot, monsieur le Ministre ?

M. le ministre. — Très volontiers, monsieur Aynard.

M. Aynard. — Je vous remercie de l'honneur que vous me faites en citant les paroles que j'ai prononcées ; mais il ne faudrait pas laisser croire que je suis partisan de la loi sur les conditions du travail; je l'ai, au contraire, résolument combattue dans son principe.

Si j'ai indiqué que des réformes pouvaient être opérées dans les adjudications, ce n'est point dans le sens des décrets dont il s'agit, et je n'aurais jamais accepté qu'on touchât au principe de la liberté du travail. (*Très bien ! très bien au centre.*)

Je répète que je me suis montré opposé au principe de la loi ; vous auriez seulement raison de dire que je suis, malheureusement, assez isolé dans cette opinion. (*Très bien! très bien! sur les mêmes bancs.*)

M. le ministre. — J'entends bien! et je n'ai voulu faire croire à personne que l'honorable M. Aynard était converti aux doctrines de l'interventionnisme...

M. Aynard. — Oh ! non !

M. le ministre. — ... Seulement, je me suis emparé de son opinion, qui est considérable, pour indiquer à la Chambre que beaucoup d'esprits pensent que dans des matières en effet aussi complexes, mieux vaut procéder par la voie de décrets que par le moyen d'une loi. (*Interruptions sur divers bancs au centre et à droite.*)

M. Jacques Piou. — Oui ! mais il faut en avoir le droit, et vous ne l'avez pas !

*Au centre.* — C'est une question de légalité !

M. le ministre. — Je suis tout prêt à répondre à cette objection, mais je ne croyais pas — si je me suis trompé, vous me rectifierez — qu'elle eût été posée exactement dans les termes où vous le faites. Puisqu'on m'adresse cette question, j'y répondrai dans un instant.

Je disais simplement — permettez-moi d'exposer jusqu'au bout l'idée à laquelle je me suis attaché — que si les décrets ont paru utiles en pareille matière à beaucoup de bons esprits, c'est qu'en effet c'est de cette manière et non par voie législative qu'en Angleterre et en Belgique on a procédé.

Messieurs, c'est cet exemple que nous vous demandons de suivre. Et dans quelles conditions ?

On nous dit : Vous n'avez pas le droit de procéder par décrets. J'ai deux réponses à faire à cette prétention.

D'abord nous modifions par décret des décrets. L'ordonnance de 1837 est, de l'avis de tous, un décret ; — de l'avis du comité du contentieux de la ville de Paris, auteur en cette espèce d'un monument de jurisprudence, et de l'avis du conseil général des ponts et chaussées dont le rapporteur dit : « Le seul obstacle légal, c'est l'article 1er de l'ordonnance de 1837 ; nous trouvons comme obstacle devant nous le décret de 1882 pour l'État, et l'ordonnance royale de 1837 pour les communes. »

J'attends qu'on me démontre qu'on n'a pas le droit de modifier par décrets des décrets. (*Applaudissements à gauche et à l'extrême gauche.*)

J'ajoute — c'est ma seconde raison et mon dernier mot — que ces décrets, le Gouvernement ne peut pas et ne veut pas les prendre de son autorité propre, il va les prendre comme l'ont été l'ordonnance de 1837 et les décrets de 1882, le Conseil d'État entendu.

J'espère, messieurs, que cette collaboration suffira à rassurer les scrupules juridiques et de l'honorable M. Piou et de l'honorable M. Beauregard. (*Vifs applaudissements à gauche et à l'extrême gauche.*)

## DISCUSSION GÉNÉRALE DU BUDGET DU COMMERCE

*Chambre des Députés*, 23 *Novembre* 1899.

Dans la discussion générale du budget du ministère du Commerce, quatre orateurs intervinrent : M. Sembat, au nom des socialistes révolutionnaires contre les trusts, les ententes patronales, les monopoles privés ; M. Lechevallier, à propos de la réduction à 1.500 francs du maximum des dépôts aux Caisses d'épargne, et sur la diminution du taux d'intérêt ; M. l'amiral Rieunier, à propos de la marine marchande, et M. l'abbé Lemire, qui, en son nom personnel et au nom de M. Groussier, déposa un projet de résolution invitant le Gouvernement à préparer un projet de loi organisant un ministère du Travail.

M. l'abbé Lemire, dans un discours fort intéressant, résuma les dispositions administratives prises par M. Millerand depuis son entrée au ministère du Commerce, qui, suivant ses propres expressions, « lui assurent parmi les ouvriers une popularité que l'on regarde comme de bon aloi ».

Faisant allusion au décret du 8 août 1899, qui avait créé une direction du Travail, il félicita le ministre du Commerce de son initiative, qui prépare le ministère du Travail. Pour achever cette œuvre, M. l'abbé Lemire engagea M. Millerand à suivre sa propre impulsion et à se souvenir d'un article fort judicieux qu'il avait écrit sur ce sujet et que lui avait rappelé, quelques instants avant de monter à la tribune, M. Vaillant.

M. Millerand répondit brièvement aux trois premiers interpellateurs, puis exposa ses vues sur la question soulevée par M. l'abbé Lemire. Il dit à la Chambre n'avoir pas changé d'avis sur la création d'un ministère du Travail dont l'utilité ne faisait plus aucun doute. Mais, ajouta-t-il, le Cabinet qui s'est constitué a eu, dès le premier jour, d'autres préoccupations qui l'ont forcé à laisser les attributions ministérielles dans le *statu quo*.

Incidemment, il informa la Chambre que, à la suite de l'idée émise par M. Motte de provoquer à Paris, en 1900, un Congrès international pour arriver à la suppression du travail de nuit des femmes, le Gouvernement de la République avait engagé des négociations qu'il espérait voir aboutir.

M. Graux ayant fait part à M. Millerand de son intention de lui poser une question sur l'application de la loi de 1892, relative au travail des femmes et des enfants, le ministre du Commerce profita de sa présence à la tribune pour signaler les défectuosités de cette loi qu'il continuerait cependant à faire appliquer jusqu'à ce que la loi en élaboration (qui devint la loi du 30 mars 1900) fût votée par le Parlement.

M. Millerand, *ministre du Commerce, de l'Industrie, des Postes et des Télégraphes.* — Je demande à la Chambre la permission de répondre avec le plus de netteté et de brièveté possible aux quelques observations qui ont été apportées à cette tribune par les orateurs qui ont pris part à la discussion générale du budget du ministère du Commerce.

Ces observations sont naturellement d'ordre très divers. Je demanderai à la Chambre, sans souci des transitions, d'examiner rapidement les unes après les autres ces diverses observations.

D'abord, je désire m'expliquer sur celles, très intéressantes, que M. Sembat a portées à la tribune à propos des *trusts*.

La Chambre n'ignore pas que ce procédé de coalition économique, qui est né, je crois, et qui fleurit en tout cas de l'autre côté de l'Atlantique, a traversé les mers et qu'en France même nous connaissons ces coalitions. C'est peut-être exagérer un peu les choses, c'est ne pas voir que la réalité est moins simple, plus complexe, que de donner à ces *trusts* l'importance, à mon avis excessive, que leur a attribuée l'honorable M. Sembat.

Quand il s'agit par exemple de la hausse des métaux, il se peut, il est même probable que la coalition qui s'est faite pour certains produits et entre un certain nombre de producteurs ait été pour quelque chose dans cette hausse. Mais il est certain, il est indéniable que beaucoup d'autres éléments y ont contribué.

J'entends bien que, même ramenée à ces proportions, elle reste un élément dont le Gouvernement a le devoir étroit de se préoccuper. Il l'a fait, il devait le faire pour des raisons multiples : d'abord parce que le respect des lois lui en impose le devoir, ensuite, comme l'a indiqué notre honorable collègue, parce que le souci des deniers de l'État nous commande de ne pas perdre de vue des causes artificielles de hausse qui ont pour résultat direct, dans beaucoup de cas, une augmentation des dépenses de l'État.

Pour la hausse des cuivres dont parlait M. Sembat, nous nous apercevons tous les jours, dans le service des postes et des télégraphes, combien cette hausse fait peser sur le budget un poids chaque jour plus lourd, et nous manquerions au premier de nos devoirs en ne nous préoccupant pas des causes qui la déterminent, si parmi elles il en est que nous puissions saisir et faire disparaître.

Messieurs, il y a plusieurs mois — c'était peu de jours après mon arrivée au ministère — j'ai fait pour un premier *trust* qui m'était signalé ce que le ministre du Commerce peut et doit faire : à mesure qu'il observe des phénomènes économiques, recueille des plaintes, les noter, les signaler et les transmettre à qui la loi a donné le droit de poursuivre et de punir si possible ces coalitions.

Trois *trusts* m'ont été particulièrement signalés : celui des alcools, celui des sucres et celui des métaux.

J'ai transmis, au fur et à mesure que ces renseignements me sont parvenus, les documents à M. le garde des sceaux, pour examiner s'il était possible, avec ce que je lui communiquais, de faire application d'un article, qui, — tout le monde le sait, et beaucoup s'en sont plaints, — est l'un des plus difficiles à appliquer, dans le Code pénal, à tel point qu'à plusieurs reprises, de ce côté (*l'extrême gauche*), on a déploré que le texte de cet article 419 du Code pénal ne fût plus en harmonie avec les nécessités économiques; le Gouvernement a été même invité à examiner s'il n'y aurait pas moyen de trouver un texte plus souple et qui s'adaptât mieux aux combinaisons nouvelles.

C'est une étude qu'à mon sens il faut poursuivre, et je prends très volontiers à cette tribune l'engagement, non pas de commencer, mais de continuer les études dont, sur ce point et dans sa sphère d'attributions, le ministère du Commerce peut se charger.

Après M. Sembat, l'honorable M. Lechevallier, abordant un ordre d'idées tout à fait différent, nous a entretenus de la législation des caisses d'épargne.

Il est vrai qu'à l'heure actuelle beaucoup de ceux qui se préoccupent, et avec raison, des très graves questions soulevées par cette législation, se demandent si le moment ne serait pas propice pour une refonte de la législation de 1895.

Je n'ai pas l'intention, messieurs, et vous le comprendrez sans peine, de suivre l'honorable M. Lechevallier sur les divers points qu'il a abordés et de faire connaître à la tribune des solutions qui auraient le grand tort de n'être pas suffisamment étudiées. Je n'oublie pas, d'ailleurs, que, dans ces questions, je dois marcher la main dans la main avec mon éminent collègue M. le ministre des Finances, et je me garderais bien d'apporter à cette tribune une opinion personnelle qui pourrait risquer de n'être pas en accord complet avec la sienne.

Ce que je puis dire cependant, dès maintenant, c'est qu'il est un point particulier que M. Lechevallier a signalé et dont M. le ministre des Finances et moi nous nous sommes déjà préoccupés.

L'article 4 de la loi du 20 juillet 1895 dispose que les livrets de caisse d'épargne devront être ramenés à la limite maximum de 1.500 francs dans un délai de cinq ans « à partir du 1er janvier qui suivra la promulgation de la loi », — c'est-à-dire au plus tard au 31 décembre 1900.

Quelle est la solution que, sur ce point, le Gouvernement devra adopter ou plutôt devra proposer au Parlement? La question, la Chambre le sait, est extrêmement délicate, parce qu'il n'est pas douteux que la solution qui sera adoptée aura une répercussion profonde non seulement sur les caisses d'épargne, mais aussi sur le marché de nos rentes et sur la situation du Trésor.

Il nous a paru, messieurs, et c'est la seule réponse que je veuille et que je puisse faire à M. Lechevallier, répondant d'ailleurs à un désir qu'il a lui-même exprimé à la tribune, qu'il était impossible au Gouvernement d'arrêter une solution avant d'avoir consulté la Commission instituée précisément pour examiner, d'accord avec le Gouvernement, les graves questions qui se rapportent à la législation des caisses d'épargne. Nous avons donc l'intention, M. le ministre des Finances et moi, d'étudier d'ici au mois de janvier une solution que nous soumettrons à l'étude de la commission supérieure des caisses d'épargne.

M. Lechevallier. — Très bien!

M. le ministre. — Nous pourrons ensuite soumettre au Parlement le projet qui nous paraîtra le plus convenable dans l'intérêt commun des caisses d'épargne et du Trésor !

M. Lechevallier. — Très bien! très bien!

M. le ministre. — La Chambre me pardonnera si je ne suis pas l'honorable amiral Rieunier dans les chiffres fort intéressants qu'il a apportés à cette tribune.

Je ne veux retenir de son discours que la préoccupation très légitime, qui ne lui est pas particulière, qui est commune à tous les membres de cette Chambre, des destinées de la marine marchande, — destinées qui sont intimement liées à la grandeur et à la prospérité du pays. (*Très bien! très bien!*) Dès les premiers jours de mon arrivée au ministère du Commerce, j'ai reçu les délégués des ports, qui venaient m'entretenir du projet de loi sur la marine marchande, préparé par une Commission extraparlementaire dans laquelle se rencontraient les spécialistes les plus compétents et — j'ai le droit de dire sans blesser personne — les membres du Parlement les plus qualifiés.

Je leur ai promis, ce jour-là, qu'à la première séance de la rentrée je déposerais sur le bureau de la Chambre un projet de loi sur la marine marchande. J'ai tenu ma parole et j'ai déposé un projet dont la Commission du budget est saisie. J'ose compter que, répondant aux vœux unanimes des ports, de la navigation et du commerce, la Commission du budget tiendra à honneur de poursuivre avec le plus de rapidité possible l'étude d'un projet qui se présente d'ailleurs à elle dans des conditions qui lui permettent d'aboutir rapidement. Je suis convaincu que la Chambre voudra, à son tour, aider le Gouvernement et la Commission du budget dans l'œuvre que tous deux se sont proposée. (*Très bien! très bien!*)

Il me reste à répondre à M. l'abbé Lemire, et j'en serais un peu embarrassé si je prenais au pied de la lettre les éloges dont il a bien voulu m'accabler.

M. Lemire. — Et pourquoi pas?

M. le ministre. — Vous êtes trop aimable, mon cher collègue.

M. Lemire. — Ces éloges sont très sincères.

M. LE MINISTRE. — Je n'en doute pas, mais j'en veux seulement retenir que, de l'œuvre que sur ce point particulier le ministre du Commerce a essayé d'accomplir, vous avez dégagé l'idée générale qui y a en effet présidé...

J'ai cru — et je suis convaincu d'être d'accord sur ce point avec l'immense majorité de la Chambre — que c'était le devoir étroit du ministre du Commerce de donner aux questions du travail une place, je ne dis pas prépondérante, mais au moins égale à celles des autres questions qui sollicitent son attention.

Et c'est pourquoi, modifiant légèrement sur ce point le projet de réorganisation de l'Administration centrale que j'avais trouvé élaboré, j'ai, en effet, créé une direction du Travail que M. l'abbé Lemire veut bien considérer comme l'embryon d'un ministère du Travail.

Messieurs, sur cette question du ministère du Travail, je n'ai pas besoin de dire que l'opinion que je vais exprimer est une opinion purement personnelle. En effet, la création d'un ministère du Travail est avant tout une question gouvernementale et le Gouvernement n'a pas délibéré sur la question qui a été posée par M. l'abbé Lemire. Cette question, d'ailleurs, dans les formes où notre honorable collègue l'a posée — je n'entends pas par là en diminuer la valeur — paraît être surtout une question de mot.

M. l'abbé Lemire propose que, pour débuter,

si j'ai bien compris son projet de résolution, on appelle ministère du Travail un des ministères actuellement existants.

Messieurs, j'ai été plus loin autrefois que M. l'abbé Lemire. (*On rit.*)

M. Lemire. — Vous ne m'effraierez pas en allant jusqu'au bout. J'en serai même très heureux.

M. le ministre. — J'ai pensé — et je n'ai pas changé d'avis — avec des hommes d'ailleurs qui différaient beaucoup d'opinions avec moi sur bien des sujets, non seulement avec M. l'abbé Lemire, mais avec des rédacteurs éminents de la *Revue des Deux Mondes*, j'ai pensé qu'il serait en effet intéressant et utile de créer en France, comme en Belgique, un ministère du Travail. Il m'a toujours semblé aussi que cette création d'un ministère du Travail ne pouvait pas être une création isolée, qu'il fallait en profiter pour organiser d'une façon légèrement différente la répartition des attributions ministérielles. Il y a dans nos divers départements certaines attributions qui gagneraient, je crois, à être autrement réparties. C'est là une tâche que, sans aucun doute, et plus tôt que plus tard, la Chambre et le Gouvernement devront entreprendre; je suis convaincu qu'une bonne distribution du travail est une condition essentielle pour aboutir à des résultats utiles et rapides. (*Très bien! très bien!*)

La Chambre ne s'étonnera pas si dans les circonstances où s'est constitué le ministère actuel cette préoccupation n'a pas été de celles qui l'ont assailli le premier jour. (*Sourires.*)

M. Lemire. — Il n'est jamais trop tard pour bien faire!

M. le ministre. — Mais M. l'abbé Lemire et la Chambre me permettront de retenir parmi ses observations, à côté de cette question de titre qui, je le répète, a son intérêt, d'autres questions dont notre honorable collègue a dit un mot.

M. Lemire a parlé incidemment d'une proposition que M. Motte avait apportée à la tribune au moment de la discussion du budget du ministère du Commerce, au mois de février dernier.

M. Motte avait émis à ce moment l'idée qu'il serait bon que le gouvernement de la République réunît à Paris, en 1900, un Congrès international pour arriver à la suppression du travail de nuit des femmes. Je me suis permis de m'approprier la pensée de M. Motte ; je l'ai prié, et je le remercie d'avoir bien voulu répondre à mon appel, de me fournir certains renseignements complémentaires sur sa proposition. A la suite d'une entrevue que nous avons eue, j'ai prié M. le ministre des Affaires étrangères de vouloir bien engager des négociations avec certains gouvernements étrangers pour rechercher si on ne pourrait pas réunir à Paris en

1900 le Congrès international qu'avait proposé notre collègue.

Je suis très heureux de dire à la Chambre que ces négociations ont été engagées et j'espère qu'elles aboutiront.

M. Lemire. — Très bien !

M. le ministre. — Sur un autre point — je veux parler de l'application de la loi de 1892 — je répondrai à la fois et à un point du discours de M. Motte, et à une question que l'honorable M. Graux m'avait exprimé le désir de me poser, en renouvelant devant la Chambre les déclarations que j'ai été heureux de formuler hier même devant la Commission du travail.

J'ai pensé que la loi de 1892 était une loi, et que, comme telle, elle devait être appliquée. J'ai trouvé dans cette loi un article 3 qu'il m'a paru d'autant plus nécessaire de respecter qu'il a pour but la protection des enfants ; il édicte que le travail des enfants ne doit pas dépasser dix heures. Par suite d'un *modus vivendi* accepté par l'un de mes prédécesseurs, cet article était devenu lettre morte. J'ai fait connaître à l'Inspection du travail que, sur ce point comme sur les autres, j'entendais que la loi fût appliquée. Mais en même temps j'ai compris qu'il n'était pas possible de ne pas tenir compte du *modus vivendi* dont je viens de parler, et j'ai demandé à tous les industriels de vouloir bien me faire connaître quel était le délai qui leur paraissait nécessaire pour se mettre en règle avec la loi.

A la suite d'une consultation qui s'est étendue à toute la France, j'ai décidé que les industriels auraient jusqu'au 1er janvier prochain pour se conformer à l'article 3 de la loi de 1892.

Mais je ne me dissimule en aucune façon les difficultés que peut rencontrer cette application. Dès la rentrée de la Chambre, je me suis adressé à la Commission du travail et je l'ai priée de considérer qu'elle avait à son tour une responsabilité particulière. Le ministre du Commerce a assumé la responsabilité qui lui revenait en exigeant que la loi fût appliquée et en prenant ses dispositions pour qu'elle le fût en réalité.

L'industrie prétend que cette loi est mauvaise sur plusieurs points. Je suis quant à moi d'accord avec un grand nombre, je dirais presque l'unanimité des industriels, pour reconnaître qu'une loi qui crée dans l'intérieur d'une même usine plusieurs catégories d'ouvriers, les uns travaillant dix heures, les autres onze, les autres douze, est une loi mauvaise parce qu'il est impossible d'en surveiller l'application. (*Très bien! très bien!*)

M. Henri Laniel. — Elle est surtout mauvaise pour les familles.

M. le ministre. — Mauvaise pour tout le monde.

Je pense qu'il faut arriver à l'unification des durées de travail. Sur ce point, j'étais d'accord avec le principe que le Sénat a fait triompher en 1894. Je l'ai dit à la Commission du travail qui, sur ma demande, avait bien voulu me convoquer devant elle ; mais j'ai ajouté, et je tiens à répéter devant la Chambre, que si l'unification des durées de travail me paraît indispensable, il y a autre chose qui ne me le paraît pas moins. On ne peut pas oublier que, dès 1890, le rapporteur de la loi sur le travail, M. Richard Waddington, qui n'est pas seulement un parlementaire éminent mais un grand industriel français, proposait le travail de dix heures pour tout le monde, qu'il le faisait voter à la Chambre; devenu sénateur il le défendait au Sénat. Je ne puis pas oublier que notre collègue M. Dron déposait à la fin de 1895 un rapport sur la proposition adoptée par le Sénat et qu'il demandait, au nom de la Commission du travail, que la durée du travail fût fixée pour tout le monde, hommes, femmes et enfants, à onze heures dans les établissements mixtes, étant bien entendu que trois ans plus tard, c'est-à-dire en 1898, la durée de travail serait pour tout le monde de dix heures.

La journée de dix heures, les industriels savent dès aujourd'hui qu'il faudra qu'ils l'acceptent, et la question qui se pose devant eux n'est plus qu'une question de délai.

M. Ribot. — Et de salaire.

M. le ministre. — C'est entendu, mais je parle en ce moment au point de vue législatif et je dis qu'en même temps que le Parlement inscrira dans la loi nouvelle l'unification des heures de travail, il est impossible qu'il n'y inscrive pas la journée de dix heures, sauf à discuter le délai nécessaire pour permettre aux industriels d'appliquer avec le moins de dommages possible et pour eux et pour leurs ouvriers, qui ne doivent pas supporter de diminution de salaire, la durée nouvelle du travail. (*Très bien! très bien! à gauche.*)

Voilà le problème; je crois que je l'ai posé dans les termes où il se dresse devant vous.

Permettez-moi de le dire, j'ai fait, autant que j'ai pu, mon devoir en rappelant à tout le monde quelle est la loi Le devoir de la Chambre maintenant commence; c'est à elle qu'il revient de dire si elle juge à propos de modifier cette loi qu'il faut appliquer comme toutes les lois. J'ai dit quant à moi dans quelles conditions il me paraissait qu'elle pouvait être modifiée; je demande encore, comme je l'ai demandé hier à la Commission du travail, de vouloir bien sur ce point hâter une solution qui ne peut pas être longtemps différée. (*Très bien! très bien!*)

Je vous demande pardon, messieurs, d'avoir retenu votre attention (*Non! non! — Parlez!*); mais en terminant, laissez-moi dire que si j'ai donné à ces questions du travail une importance que quelques-uns, à certains moments, ont paru trouver exagérée, je l'ai fait, non seulement parce qu'à mon avis, en soi et par elles-mêmes, elles méritent amplement cette importance, mais parce qu'en le faisant, j'ai eu la conviction de remplir pour ma modeste part le rôle de membre d'un cabinet de défense républicaine (*Applaudissements à gauche et à l'extrême gauche*); parce qu'il m'a paru que le meilleur moyen d'attacher, de ramener, s'il en était besoin, aux institutions républicaines les masses laborieuses, c'était de leur montrer non plus par des paroles, mais par des actes, que le Gouvernement de la République est avant tout le Gouvernement des petits et des faibles. (*Vifs applaudissements à gauche, à l'extrême gauche et sur plusieurs bancs au centre.*)

M. Chenel. — Je demande à M. le ministre du Commerce si, après les bonnes paroles qu'il vient de prononcer, il ne serait pas préférable de presser l'élaboration de la loi nouvelle et, jusque-là, de retarder l'exécution de la loi de 1892.

M. le ministre. — Je remercie l'honorable M. Chenel de son interruption et j'y réponds d'un mot.

Toutes les fois que les industriels m'ont demandé de vouloir bien adopter cette formule : retarder l'application de la loi jusqu'au moment où une nouvelle loi serait appliquée, je leur ai répondu que ce n'était pas possible, parce que je ne pouvais pas subordonner l'application de la loi à des délais, tels que ceux qui viennent de s'écouler, par exemple, pour cette loi même sur le travail qui, votée en 1894 au Sénat, n'a pas encore été adoptée par la Chambre. (*Très bien! très bien!*)

Ce que j'ai fait et ce que je devais faire, c'était de poser la question et devant le pays et devant la Chambre. Il appartient maintenant à la Chambre — et le Gouvernement l'y aidera de toutes ses forces — d'aboutir à une solution qui, je le répète, ne peut plus être différée. (*Applaudissements sur les mêmes bancs.*)

## LA GRÈVE DE SAINT-ÉTIENNE

*Chambre des Députés, 18 Janvier 1900.*

Une grève de tisseurs avait éclaté à Saint-Étienne le 18 décembre 1899. Tout se passa dans le calme jusqu'au 4 janvier. Ce jour-là des désordres se produisirent qui ne furent pas le fait des tisseurs, mais l'œuvre de la population malsaine de la ville, suivant l'expression même de M. Ledin, maire de Saint-Étienne. M. V. Gay, député de l'opposition, tenta d'utiliser cette situation troublée au profit de la politique de son parti, en accusant le gouvernement d'incurie. Au ministre du Commerce il reprocha de s'être mis en rapport avec les meneurs de la grève et d'avoir répondu aux demandes émanant de victimes d'accidents du travail qui sollicitaient des renseignements sur la loi de 1898 dont ils devenaient les bénéficiaires.

M. Millerand, avant que M. Waldeck-Rousseau parlât au nom du Gouvernement, tint à se justifier des accusations personnelles dont il avait été l'objet.

Les seules relations qu'il avait eues avec les grévistes se bornaient à l'échange de deux télégrammes dont le premier était un simple accusé de réception et le second un appel au calme et la confirmation des instructions du Gouvernement relatives au maintien de l'ordre et du libre exercice de tous les droits.

M. Millerand se félicita, d'autre part, d'avoir, en

précisant et en commentant les textes de la loi sur les accidents, évité des procès et fait naître de nombreuses conciliations.

M. MILLERAND, *ministre du Commerce, de l'Industrie, des Postes et des Télégraphes.* — La Chambre me permettra de retarder de quelques instants les explications de M. le président du Conseil pour éliminer de ce débat la partie qui m'en est personnelle.

D'abord, je constate que l'honorable M. Victor Gay n'a pas renouvelé à la tribune la double accusation qu'il avait au début portée contre le ministre du Commerce; il ne m'a plus reproché soit d'être intervenu en dehors de M. le président du Conseil, soit d'avoir fomenté la grève; il a bien voulu reconnaître le contraire. Mais, dans ses explications, il a mis en cause l'intervention qu'à diverses reprises j'aurais été appelé à exercer.

Je tiens à ce que sur ce point il ne reste dans l'esprit d'aucun des membres de cette Chambre le moindre doute. Complétant le dossier de l'honorable M. Gay, je vais faire connaître à la Chambre les deux circonstances dans lesquelles le ministre du Commerce a été amené à intervenir et les conditions précises dans lesquelles il l'a fait.

Il a d'abord reçu la dépêche dont parlait M. Gay et dans laquelle il lui était demandé si le Gouvernement avait ordonné d'interdire les manifestations.

A cette dépêche, M. Lavy, chef de mon Cabinet, a répondu par la lettre suivante : « M. Millerand me charge de vous informer qu'il a communiqué votre télégramme à M. le président du Conseil. » (*Très bien! très bien! à gauche et à l'extrême gauche.*)

Il y a eu une seconde intervention que l'honorable M. Gay ignorait sans doute, et que je suis bien aise de lui révéler. Le soir de la manifestation dont il a parlé, et dont il fait retomber la responsabilité sur le Gouvernement, j'ai reçu de Saint-Étienne une dépêche du comité général pour le relèvement des salaires du tissage, à laquelle j'ai répondu par la dépêche suivante, que j'avais naturellement communiquée d'abord à M. le président du Conseil :

« En réponse à votre dépêche, je vous informe que toutes les instructions du Gouvernement ont pour but d'assurer le maintien de l'ordre et le libre exercice de tous les droits en évitant toute occasion de conflit. (*Très bien! très bien! à l'extrême gauche et à gauche.*)

« La population ouvrière stéphanoise contribuera à atteindre ce but par son esprit de fermeté et de sagesse, en s'abstenant de manifestations non seulement inutiles, mais nuisibles à ses intérêts comme à ceux de la République. » (*Applaudissements sur les mêmes bancs.*)

M. CAMILLE FOUQUET. — Quel est le texte de la dépêche à laquelle M. le ministre a répondu ?

M. LE MINISTRE. — Je n'ai absolument rien à cacher. Voici la dépêche à laquelle répondait celle que je viens d'avoir l'honneur de communiquer :

« Comité général relèvement salaires tissages à ministre Commerce Paris.

« Une manifestation pacifique des tisseurs a été ce soir chargée par la police, gendarmerie, dragons. Désordres graves. Toute responsabilité incombe à excès zèle des autorités. »

J'ai répondu comme vous le savez.

J'aurais fini si je ne devais répondre maintenant à une autre accusation, celle-là tout à fait étrangère à la grève, mais sur laquelle la Chambre me permettra bien de fournir quelques explications.

L'honorable M. Gay a bien voulu apporter à la tribune deux lettres que le ministre du Commerce a écrites à des ouvriers de Saint-Étienne au sujet de l'application de la loi sur les accidents. Mon crime est beaucoup plus grand que ne le croit l'honorable M. Gay. (*Sourires.*) Ce n'est pas seulement deux lettres qui ont été écrites par moi à Saint-Étienne. Il n'y a pas de jours où je n'envoie sur tous les points du territoire des lettres analogues à celle qui a été lue par l'honorable M. Gay. (*Applaudissements à l'extrême gauche et à gauche.*)

J'ai soin, afin qu'aucune équivoque ne puisse se produire, de déclarer, ce qui d'ailleurs est en vérité superflu, que ces lettres n'engagent en aucune façon l'indépendance d'interprétation des tribunaux...

M. LE GÉNÉRAL JACQUEY. — Demandez cela à la Haute Cour.

M. LASIES. — Vous estimez trop peu votre signature.

M. LE MINISTRE. — ... qui seuls, comme le disent expressément ces lettres, ont le droit de régler définitivement ces questions. Mais j'ai cru de mon devoir, et, si la Chambre pense le contraire, je lui serais reconnaissant de le dire nettement par un ordre du jour (*Très bien! très bien! à l'extrême gauche et à gauche*), j'ai pensé que c'était le devoir élémentaire du ministre du Commerce, chargé d'appliquer une loi aussi complexe, aussi difficile que celle des accidents du travail, de faire ce qui a été fait en toutes circonstances pour des lois analogues (*Applaudissements à gauche*), ce que l'honorable M. Waldeck-Roussseau, à ce moment ministre de l'Intérieur, a fait dans une circulaire que vous connaissez tous pour la loi sur les syndicats.

*Au centre.* — Ce n'est pas la même chose.

M. LE MINISTRE. — Il m'a paru que c'était mon devoir de commenter et de préciser quel était, suivant l'administration chargée de l'application de cette loi, le sens de ses dispositions, et c'est dans ce but que, non seulement j'ai écrit plusieurs circulaires, mais que toutes les fois — ce qui, je le répète, se présente chaque jour — que soit patrons, soit ouvriers écrivent au ministère du Commerce pour demander comment doit être entendue telle disposition de la loi, le ministère du Commerce ne se réfugie pas dans l'abstention (*Très bien! très bien! à gauche et à l'extrême gauche*), il ne leur dit pas : Faites des procès ! Il prend la responsabilité, que je revendique tout entière...

*Au centre.* — De juger. (*Bruit.*)

M. LAGASSE. — C'est le parti qui a domestiqué la magistrature qui vous fait ce reproche !

M. LE MINISTRE. — Je n'ai pas entendu l'interruption.

M. LE PRÉSIDENT. — Je prie l'auteur de l'interruption de ne pas la répéter et j'invite tous mes collègues à garder le silence. (*Très bien! très bien!*)

M. LE MINISTRE. — Accomplissant, je le répète, ce que je considère comme un devoir élémentaire dans le but de prévenir des procès, je dis aux patrons et ouvriers : Voilà, à mon avis, quel est le sens de la loi. (*Très bien! très bien! à l'extrême gauche et à gauche. — Bruit sur divers bancs au centre.*)

M. DEJEANTE, *s'adressant au centre.* — Vous protestez trop contre cette loi.

*Au centre.* — A quoi sert le Conseil supérieur des accidents?

M. LE MINISTRE. — On me demande à quoi sert, non pas le Conseil supérieur, qui n'existe pas, mais le Comité consultatif des accidents du travail, que préside l'honorable M. Louis Ricard.

Eh bien, je suis très heureux de dire précisément que c'est d'accord avec ce Comité consultatif (*Rires et applaudissements à gauche et à l'extrême gauche*), auquel je saisis l'occasion de rendre hommage, que tous les jours je fais connaître les avis dont je parle. Je me félicite que cette méthode ait eu jusqu'à présent pour résultat d'empêcher beaucoup de procès et de permettre une très grande quantité de conciliations. (*Très bien! très bien! sur les mêmes bancs.*)

Je comprends, messieurs, que l'honorable M. Gay, s'il se rappelle sa qualité d'avocat, soit tenté de me le reprocher. Je ne crois pas que la Chambre me le reproche. (*Vifs applaudissements et rires à gauche et à l'extrême gauche.*)

## LES ASSOCIATIONS OUVRIÈRES DE PRODUCTION

*Paris, 12 Juillet 1900.*

Pour manifester leur reconnaissance au ministre du Commerce, les membres des Associations ouvrières de production lui offrirent un banquet qui eut lieu le 12 juillet 1900, à Paris.

M. Millerand y prononça le discours suivant :

MES CHERS CONCITOYENS,

Je veux tout d'abord vous dire avec quel plaisir je rapporterai à M. le président de la République et à M. le président du Conseil les paroles que tout à l'heure votre président a fait entendre, et l'accueil chaleureux qu'elles ont reçu de cette assemblée.

Vous avez parlé de moi, mon cher président, en termes beaucoup trop aimables. Voulez-vous me permettre, en vous remerciant, de relever un mot qui, j'en suis sûr, a dépassé votre pensée? Il n'y a pas, dans une démocratie, d'hommes nécessaires, et c'est surtout dans un pays comme le nôtre, façonné depuis tant de siècles au pouvoir personnel, c'est surtout aujourd'hui qu'il convient de rappeler très haut que la nation doit se garder des individus (*Bravos et acclamations prolongés*), et que c'est d'elle seule qu'elle doit attendre son salut. (*Bravos.*)

Sans doute, l'homme est un facteur nécessaire et important de toute œuvre : mais l'œuvre vaut surtout par l'idée qui l'inspire (*Vifs applaudissements*), et laissez-moi vous dire que si, en quelques mois, j'ai pu obtenir un certain nombre de résultats que vous avez bien voulu rappeler, c'est tout simplement pour avoir mis, au service d'une idée, une volonté et une méthode. (*Bravos répétés.*)

L'idée, c'est qu'à chaque époque de l'histoire il y a une catégorie d'hommes qui, par leur situation même, par leurs conditions d'existence, se trouvent particulièrement indiqués pour travailler efficacement au progrès de la civilisation (*Très bien! Bravos!*) et pour faire franchir à l'humanité un nouveau stade.

Au siècle dernier, c'est le Tiers-État qui a joué ce rôle; à notre époque, il semble que cette mission glorieuse soit plus particulièrement réservée à ceux qu'on a coutume d'appeler les salariés, à ceux qui, pour seul ou pour principal avoir, ne possèdent que la force de leur cerveau ou de leurs bras, que leur capital humain. (*Vifs applaudissements.*)

Tâcher de les rendre capables et dignes d'accomplir cette mission, de remplir dans l'intérêt général, plus encore que dans le leur propre, le rôle qui leur est imparti, c'est l'idée que, depuis de longues années déjà, je n'ai cessé d'avoir devant les yeux, et qui m'a constamment guidé, en particulier, depuis le jour où l'éminent homme d'État, que vous acclamiez il y a quelques mois à Saint-Mandé, m'a fait le grand honneur de m'appeler à collaborer à l'œuvre de défense républicaine. (*Bravos prolongés. Vive la République!*)

Au service de cette idée j'ai mis depuis douze mois une volonté qui ne se laissera arrêter par rien : mais il ne suffit pas de savoir où l'on va, et de vouloir y aller, il faut savoir encore par quel chemin y arriver, quels sont les moyens, les procédés les meilleurs, les plus sûrs, pour se rapprocher du but que je viens d'indiquer, sinon pour l'atteindre.

Tout à l'heure, Monsieur le président, vous avez prononcé une parole pleine de sens et de cœur, en répudiant la haine; la haine n'est qu'une preuve d'inintelligence, comme la violence n'est qu'un aveu de faiblesse. (*Bravos répétés.*) Ce n'est ni par la haine, ni par la violence que les travailleurs conquerront leur émancipation intégrale (*Très bien! très bien! Bravos!*); c'est par la compréhension de plus en plus étendue, de plus en plus claire de leurs devoirs et de leur responsabilité. (*Nouveaux applaudissements.*)

Mais il ne peut pas y avoir de responsabilité sans pouvoir, ni de devoir sans droit. (*Très bien! très bien!*)

Messieurs, cette idée, que j'indique, est banale; et j'ajoute que celui qui vous parle n'a eu qu'à suivre, pour l'appliquer, une voie qui, depuis la troisième République, était tracée devant lui.

La loi de 1884 sur les syndicats professionnels est tout entière inspirée de cette idée; le décret de 1888, dont on parlait tout à l'heure, fait en faveur des Associations, dérive des mêmes conceptions; et ce n'est pas, Messieurs, sans intention que je rapproche syndicats et associations de production. Vous aviez bien raison de dire tout à l'heure qu'il est impossible d'opposer les syndicats aux associations de production; les unes ne sont que la floraison des autres. (*Bravos répétés.*) Il suffit de regarder chez nos voisins, dans ce petit pays de Belgique, qui nous offre tant de sujets de réflexion, pour voir, à côté d'un puissant effort d'association ouvrière, un puissant effort de production prolétarienne, et, côte à côte, associations politiques, sociétés coopératives de production et de consommation prospérant les unes à côté des autres, les unes par les autres. (*Vifs applaudissements.*)

Messieurs, le projet de loi que notre gouvernement a déposé, et qui a pour but précisément, en même temps qu'il éclaire sur certains points la loi de 1884, de la développer, de la compléter, est tout entier, lui aussi, inspiré de cette idée. Il veut permettre aux associations ouvrières de donner tout ce qu'elles peuvent donner, de produire tous les fruits qu'on est en droit d'en attendre. Il reconnaît aux syndicats le droit de propriété le plus large. Et comment, en vérité, les ouvriers reculeraient-ils devant le don qui leur est offert, sans avouer par là même qu'ils ne s'en croient pas encore dignes? C'est impossible; ils l'accepteront, au contraire, avec la conscience du devoir qu'il leur crée, avec le sentiment aussi qu'ils arrivent à un moment où ils peuvent recevoir une telle capacité, et en user pour le mieux des intérêts légitimes qui sont les leurs, ils accepteront ce projet de loi, et ils nous aideront à le faire triompher devant le Parlement. (*Bravos.*)

Nous avons déposé ce projet. Il y en a un autre, dont j'ai annoncé il y a quelques jours le dépôt pour la rentrée; c'est celui auquel votre président voulait bien faire allusion, en parlant du discours que j'avais été appelé à prononcer à l'inauguration du pavillon du Creusot. Là, il m'a été particulièrement agréable de m'emparer d'un exemple qu'à la suggestion du président du Conseil un grand patron avait donné, et de m'armer de cet exemple, offert par un grand patron, pour le proposer aux autres patrons, et pour leur demander, dans leur intérêt, aussi bien que dans celui de la classe ouvrière, de suivre cet exemple, de comprendre qu'ils ne peuvent plus s'opposer à une organisation, qui sera d'autant plus utile et plus féconde qu'elle rencontrera moins de résistances devant elle. (*Applaudissements vifs et répétés.*)

Ce sont là des projets qui, tous, dérivent de l'idée qui a dominé, je le répète, toute mon œuvre au ministère du Commerce. Cette œuvre nous paraît assez belle, assez large pour séduire toutes les intelligences et tous les cœurs; elle nous paraît assez haute pour pouvoir retenir tous les Français dans un effort commun. (*Très bien! très bien!*)

Nous ne sommes pas de ceux, Messieurs, qui font intervenir la patrie dans la lutte politique. (*Bravos et acclamations.*) Nous la respectons trop, nous avons d'elle une idée trop élevée, pour la mêler aux discordes des partis; il n'en est pas un qui puisse, sans impiété, prétendre au monopole du patriotisme! (*Vifs applaudissements et bravos prolongés.*) Mais je crois pouvoir, sans choquer les opinions de personne, affirmer que nous avons le sentiment très vif et très exact de la tradition nationale, en avançant qu'il n'y a pas d'œuvre qui soit plus conforme au génie, à la fois idéaliste et pratique de notre race, qui réponde mieux à ses aspirations généreuses, et qui soit plus susceptible de réconcilier tous les enfants de ce pays, que l'œuvre de l'émancipation progressive et indéfinie des travailleurs. (*Bravos prolongés et répétés.*)

Ce sera, j'ose le dire, l'honneur du ministère Waldeck-Rousseau, que de n'avoir jamais perdu de vue, au milieu des difficultés de tout ordre qui n'ont cessé de l'assaillir, cette œuvre sociale, qui mérite plus que toute autre d'être appelée une œuvre de défense républicaine. (*Salves d'applaudissements. Cris : Vive la République !*)

Messieurs, je lève mon verre aux collaborateurs de cette œuvre, à toutes les associations ouvrières et, en particulier, aux associations coopératives de production. (*Bravos prolongés.*)

## SYNDICAT ET ASSOCIATION PROFESSIONNELLE

*Chambre des Députés, 10 Décembre 1900.*

M. Gauthier de Clagny avait demandé à interpeller le président du Conseil et le ministre des Postes sur les conditions d'application de la loi du 21 mars 1884 aux agents et employés de l'État.

M. Gauthier de Clagny visait les agents et les sous-agents des Postes qui, ayant manifesté l'intention de se constituer en syndicat, avaient soumis leur projet à M. Millerand. Le ministre du Commerce leur avait fait remarquer qu'ils ne pouvaient, en l'état actuel de la législation, bénéficier de la loi de 1884. Il leur conseilla de former une association professionnelle.

C'est à propos de l'autorisation qui leur fut accordée que M. Gauthier de Clagny crut devoir opposer la thèse du ministre du Commerce à celle de M. le président du Conseil.

Les déclarations de M. Millerand confirmèrent sa communauté de vues avec M. Waldeck-Rousseau sur ce point.

M. Millerand, *ministre du Commerce, de l'Industrie, des Postes et des Télégraphes.* — Messieurs, je ne monte à la tribune que pour fournir à l'honorable M. Gauthier (de Clagny) et à la Chambre quelques renseignements qui montreront que la discussion de l'interpellation qui vient d'être déposée n'a aucune espèce d'urgence, je n'ose pas dire d'utilité.

Il est d'abord inexact qu'à aucun moment j'aie jamais soutenu que la loi de 1884, dans sa teneur actuelle, permette à tous les agents de l'État de se syndiquer.

Lorsque les facteurs eurent manifesté l'intention de se syndiquer, ils me demandèrent de recevoir leurs délégués : je me suis empressé de le faire et je leur déclarai que, dans l'état actuel de la législation, il ne leur était pas permis de constituer un syndicat. Ils l'ont très bien compris.

M. Gauthier (*de Clagny*). — C'est la théorie de M. Jules Roche.

M. le ministre. — Ce n'est pas une théorie; c'est la loi. Les facteurs ont immédiatement renoncé à constituer un syndicat qui, dans l'état actuel de la législation, ne serait pas légal, et ils ont demandé à M. le ministre de l'Intérieur, président du Conseil, l'autorisation de constituer une association ordinaire.

J'ai le plaisir d'apprendre à M. Gauthier de Clagny que M. le président du Conseil a donné cette autorisation. (*Applaudissements.*)

## III

# L'ORGANISATION OUVRIÈRE

### RÉPONSE A M. RIBOT

*Chambre des Députés*, 6 *Novembre* 1900.

Au cours de la discussion d'une interpellation sur la politique générale adressée à M. Waldeck-Rousseau, président du Conseil, M. Ribot était monté à la tribune pour essayer de mettre en contradiction la politique suivie par M. Millerand avec celle du président du Conseil.

Le projet sur le « Règlement amiable relatif aux conditions du travail » qui fut déposé peu de temps après, contresigné des deux noms de MM. Waldeck-Rousseau et Millerand, et auquel le ministre du Commerce avait fait allusion dans son voyage ministériel de Lens, servit de base à l'argumentation de M. Ribot.

La théorie du suffrage universel appliquée à l'usine ou à l'atelier fut vivement combattue par le député du Pas-de-Calais, qui qualifia le principe de la soumission de la minorité à la majorité de « destruction de la liberté du travail ».

M. Ribot accusa ensuite M. Millerand d'avoir atténué son programme à Lens parce qu'il était au pouvoir, mais que son but était visiblement d'imposer la politique de son parti au Gouvernement, dont il était un des membres éminents.

Le ministre du Commerce opposa des faits à des affirmations. Pas plus dans l'opposition qu'au Gouvernement il n'avait conseillé la violence pour faire aboutir les réformes sociales; sa profession de foi de 1889 à ses électeurs contenait les mêmes déclarations qu'il avait faites à Lens en 1900.

Sur l' « arbitrage obligatoire », comme M. Ribot qualifiait improprement le projet dont il avait parlé, M. Millerand cita, comme un exemple typique, la grève de Dourges, dans le département même de M. Ribot, où les ouvriers en grève, après avoir repoussé une première fois en réunion publique la reprise du travail, votèrent quelques jours plus tard au scrutin secret la cessation de la grève.

M. Millerand, *ministre du Commerce, de l'Industrie, des Postes et des Télégraphes.* — La Chambre ne s'étonnera pas que je tienne à répondre en quelques mots à la prise à partie très naturelle, mais très directe, de l'honorable M. Ribot.

M. Ribot m'a reproché, — et je tiens, en relevant ce reproche, à m'expliquer une fois de plus très nettement sur la situation qui est la mienne, — M. Ribot m'a reproché d'avoir tenu, ministre, un autre langage que député

M. Ribot. — Un autre langage que le président du Conseil !

*Une voix à droite.* — M. Millerand a toujours tenu le même langage.

M. le ministre. — Je remercie le collègue de l'opposition qui veut bien rendre hommage à ma loyauté.

M. Ribot a apporté à la tribune deux assertions que je relève. Il a dit, en effet, que j'avais tenu un langage opposé à celui du président du Conseil. (*Oui! oui! au centre et à droite.*)

Je m'expliquerai sur ce point. Mais il a dit également — et je tiens aussi à le relever — que lorsque j'avais dit à Lens que la réalisation des réformes auxquelles je crois était lointaine et serait pénible, j'avais ainsi parlé parce que j'occupe aujourd'hui une situation qui m'imposait ce langage.

Je réponds à M. Ribot que, candidat en 1893, j'écrivais dans ma profession de foi que ce n'était ni par un miracle ni par un coup de force que le peuple obtiendrait des réformes sociales, mais par ses propres efforts, par des efforts longs et pénibles. Le langage que j'ai tenu en 1893, je le tiens en 1900. De même que j'ai répété à Lens ce que je disais dès 1889, que pour ma part je n'ai jamais accepté et que je n'accepte pas, pas plus au Gouvernement que dans l'opposition socialiste, la violence comme un procédé de réformes sociales. Sur aucun de ces points je n'ai changé. (*Applaudissements à gauche. — Interruptions sur divers bancs.*)

M. Ribot me reproche d'avoir tenu à Lens un langage qu'il oppose à celui de M. le président du Conseil, et il veut trouver entre nos deux attitudes une contradiction. Lorsque M. le président du Conseil m'a fait le très grand honneur de me demander de prendre ma place dans un Cabinet où toutes les fractions du parti républicain étaient représentées, pas plus à moi qu'à mes collègues il n'a songé à demander le sacrifice d'aucune de nos opinions. Il nous a demandé — et j'ai la conviction de n'avoir jamais manqué à ce double engagement — en même temps que nous restions fidèles à toutes nos idées, à l'idéal propre de chacun de nous, de respecter le pacte qui nous unissait et de ne rien faire pour servir, contre les autres fractions du parti républicain, la fraction particulière à laquelle nous appartenons. (*Vifs applaudissements à gauche.*)

Eh bien! je livre au jugement du parti républicain tout entier mes actes depuis que j'ai l'honneur d'être au Gouvernement. On n'en trouvera pas un qui soit le désaveu de l'engagement que j'ai pris.

Mais, il est vrai, il y a un point de vue qui a toujours été le mien. Je n'ai jamais oublié — et je remercie du haut de cette tribune mes collègues du Gouvernement d'avoir bien voulu le comprendre — que parmi eux j'étais peut-être, d'une façon plus particulière, le représentant de certains intérêts et que ces intérêts, je voulais les défendre au Gouvernement comme j'avais tâché de les défendre dans l'opposition en réalisant aussi vite qu'il est possible les réformes sociales qui, à mon avis, sont nécessaires. (*Exclamations à droite. — Vifs applaudissements à gauche.*)

Vous disiez tout à l'heure, monsieur Ribot : « Sous couleur de donner à la majorité le droit de faire prévaloir ses vues, on va permettre à une minorité de dicter ses lois. » Permettez-moi de vous rappeler un fait qui vient de se produire dans votre propre département.

Dans la concession de Dourges, il y a quelques jours, on consultait, en réunion publique, des mineurs pour savoir s'ils étaient partisans de la reprise du travail ou de la continuation de la grève : ils se prononçaient pour la continuation de la grève. On les consultait ensuite, au scrutin secret, sur la même question, et là, ils répondaient, par 850 voix contre 300, qu'ils étaient partisans de la reprise du travail. (*Interruptions à droite. — Mouvements divers.*)

*A droite.* — Ils étaient libres alors !

M. LE MINISTRE. — Qu'est-ce que je demande? Quelle est la conception que je défends et que M. Ribot combat? Je demande qu'on organise parmi les travailleurs un mode de vote qui leur permette de faire connaître loyalement, sincèrement, quelle est leur volonté. (*Applaudissements à gauche.*)

Et lorsque je le demande, j'ai la surprise d'entendre M. Ribot, au nom...

M. Ribot. — Au nom de M. le président du Conseil.

M. le ministre. — ... au nom de la conservation sociale, s'élever contre cette conception et demander quoi ? Le maintien de l'état inorganique, chaotique, qui existe aujourd'hui. Quant à nous, nous n'en voulons pas.

M. le président du Conseil a annoncé le dépôt très prochain d'un projet de loi que la Chambre ne voudra pas juger avant de l'avoir connu ; lorsqu'elle le connaîtra, j'attends avec une pleine confiance son jugement comme celui du parti républicain et du pays. (*Vifs applaudissements à l'extrême gauche et sur divers bancs à gauche.*)

## LE RÈGLEMENT DES CONFLITS DU TRAVAIL

*Chambre de Commerce de Paris, 16 Janvier 1901.*

Le 16 janvier 1901, sous la présidence de M. Millerand, ministre du Commerce, assisté de M. de Selves, préfet de la Seine, eut lieu à la Chambre de Commerce de Paris l'installation des membres récemment élus et celle du bureau.

M. Moisant, président sortant, et M. Fumouze, son successeur, dans leurs allocutions, exprimèrent le souci des membres de la Chambre de commerce d'étudier les questions sociales à l'ordre du jour et rappelèrent leur adhésion spontanée à la loi sur les accidents du travail.

M. Millerand, cédant au désir qui lui avait été exprimé, ne se borna point à adresser des félicitations aux nouveaux élus. Il entretint ses auditeurs du projet que le président du Conseil, Waldeck-Rousseau, et lui, avaient déposé sur le « Règlement amiable des différends relatifs aux conditions du travail ».

Messieurs,

J'ai saisi avec empressement l'occasion nouvelle qu'on m'a offerte de donner à la Chambre de Commerce de Paris une preuve de plus de l'intérêt, de la sympathie que le ministre du

Commerce lui porte, en venant aujourd'hui présider cette séance solennelle. A vrai dire, mon discours pourrait se résumer en deux mots.

Aux uns, à ceux qui ont quitté ce bureau ou qui vont s'éloigner de la Chambre de Commerce, je suis sûr d'être l'interprète des sentiments unanimes de cette Chambre, et je puis dire de ceux du commerce et de l'industrie parisiens, en leur adressant, avec mes regrets, mes remerciements. (*Applaudissements.*) Ils ont rempli fidèlement, avec un dévouement et un zèle dont vous avez été les témoins quotidiens, la tâche parfois difficile qui leur incombait. Que M. Moisant me permette, en particulier, de lui adresser l'expression toute personnelle des sentiments d'un ministre qui a été particulièrement heureux du concours — veut-il me permettre de dire de la collaboration trop courte que ce ministre a entretenue avec lui, pendant qu'il a eu l'honneur d'être placé à votre tête? Il voulait bien tout à l'heure m'adresser des remerciements de l'accueil que je lui avais fait. Il se trompait : c'est moi, Messieurs, qui lui dois des remerciements, parce que personne plus qu'un ministre ne sait ce qu'il doit de gratitude aux bons citoyens, aux commerçants, aux industriels, aux travailleurs qui veulent bien parfois franchir le seuil de son cabinet pour lui apporter, avec l'écho du dehors, la contribution de leur expérience et de leur talent. (*Vifs applaudissements.*)

Ceux qui quittent aujourd'hui la Chambre de Commerce s'éloignent d'une Compagnie dans laquelle, — une voix plus autorisée que la mienne le leur a dit tout à l'heure, — on n'oubliera jamais le concours qu'ils lui ont apporté. Ils ne désertent cependant pas pour cela le poste de confiance qui leur avait été donné par leurs commettants ; hors de cette Chambre, comme ici, ils continueront à servir avec un zèle et un dévouement que nous avons tous appréciés, la grande cause de la production et du travail national. (*Très bien! très bien!*)

Aux autres, Messieurs, à ceux qui arrivent, qui entrent dans cette Chambre, je n'ai que des félicitations à adresser, certain qu'ils auront pour unique ambition d'égaler ceux qui les ont précédés, de prouver par leur exemple que Paris, que le pays peuvent compter demain, comme hier, sur cette Compagnie qui, en toute occasion, a été pour les pouvoirs publics, pour le commerce, pour l'industrie nationale, une collaboratrice précieuse. (*Très bien! très bien!*)

Permettez-moi tout particulièrement d'adresser aux membres du bureau que vous venez d'élire mes félicitations bien sincères. Je sais d'avance que je retrouverai, près de M. Fumouze et de ses collègues, l'accueil et le concours que j'avais rencontrés auprès de leurs prédécesseurs. Je sais qu'auprès du bureau de la Chambre de Commerce, comme auprès de la

Chambre de Commerce tout entière, le Gouvernement est assuré, en toutes circonstances, de trouver cet appui cordial, cette collaboration effective qui m'est plus utile que jamais.

Là, Messieurs, devrait se borner l'allocution que j'ai l'honneur de vous adresser, et, au moment d'aller plus loin, j'hésite un peu, parce que j'ai peur d'être indiscret. Je sais quelles sont vos occupations et je me demande si j'ai le droit de vous prendre quelques instants de plus.

J'ai eu l'honneur de recevoir, il y a quelques jours, une visite au cours de laquelle nous avons parlé d'un sujet fort intéressant qui sera, qui est déjà à votre ordre du jour, parce que, fidèle à ses traditions, la Chambre de Commerce de Paris entend donner, avec l'indépendance qui est la sienne, les avis qu'elle croit utiles sur tous les grands objets qui intéressent le travail, le commerce, l'industrie du pays. Eh bien ! dans l'entretien auquel je fais allusion, M. Moisant et M. Thiébaut voulaient bien me dire — peut-être sont-ils allés un peu loin ; mais, si j'abuse, c'est sur eux d'avance que j'en fais porter la faute (*Sourires.*) — que j'aurais mieux à faire peut-être que de me borner aux compliments ordinaires qui, pour être sincères, — nous nous connaissons depuis assez longtemps déjà pour que, j'en suis sûr, personne ne doute de ma sincérité, — ne sont cependant que des compliments. Ma harangue, ajoutaient-ils, aurait quelque chose de nouveau et ne serait peut-être pas sans une véritable utilité, si je profitais de l'occasion rare que j'avais de vous adresser la parole pour vous parler, le plus brièvement que je pourrais, avec le plus de simplicité et de clarté qu'il me sera possible, d'un sujet qui est à l'ordre du jour de la plupart des Chambres de Commerce, qui intéresse très légitimement le monde du travail : je veux parler du projet de loi que nous avons récemment déposé sur le « règlement amiable des différends relatifs aux conditions du travail ».

Je défère donc, Messieurs, à l'invitation qu'on m'a adressée.

Le titre du projet : *Règlement amiable des différends relatifs aux conditions de travail*, dit, de la manière la plus simple et la plus précise, le but que se sont proposé ses auteurs. Ils ont pensé — et peut-être, au moins sur ce premier point, pourra-t-il n'y avoir aucune contestation — qu'il était indispensable de chercher les moyens de régler amiablement des conflits qui ne se produisent pas sans faire courir les risques les plus sérieux, parfois les plus graves, aux deux parties en présence. La grève est un droit; mais il n'est contesté par personne qu'elle soit l'origine de maux multiples et pour ceux qui en usent et pour ceux contre qui l'on s'en sert, puisque son usage inflige aux ouvriers, à leurs familles, des privations souvent longues pour un résultat qui ne correspond pas toujours à l'effort déployé; au patron, à l'industriel, des pertes souvent énormes, en disproportion avec le but poursuivi. Je ne parle pas des autres aléas, des risques souvent si graves, qu'un conflit pareil, surtout lorsqu'il éclate dans une grande industrie, fait fatalement courir. Eh bien! voici un premier point sur lequel il ne peut pas y avoir de discussion : c'est qu'il est à la fois utile et urgent de chercher les moyens de prévenir ou d'apaiser ces conflits. Prévenir ou apaiser, ce sont en effet les deux termes du problème. Il faut tâcher que le conflit n'éclate pas; il faut, s'il a éclaté, s'efforcer de trouver le moyen qu'il soit, le plus tôt possible et avec le moins de risques possible, résolu. La solution est difficile, le but est certain : quels sont les moyens que l'on peut employer pour l'atteindre?

Le projet, Messieurs, a ce double objectif : ou prévenir le conflit, ou l'apaiser. Et, tout de suite, une question surgit, qui, je le sais, s'est posée tout naturellement devant vous.

On dit : « Apaiser le conflit! Mais il n'est pas besoin d'une loi pour cela, surtout d'une loi nouvelle. Or toute loi inutile est, par cela même, dangereuse. Si donc l'on peut faire l'économie d'une loi, surtout lorsqu'elle touche à des sujets si complexes, si difficiles, il ne faut pas courir le risque de légiférer inutilement. Et, nous dit-on, c'est légiférer inutilement que faire un projet nouveau pour chercher les moyens d'apaiser les conflits du travail, par la raison que le Gouvernement et le Parlement de la République ont déjà, le 27 décembre 1892, par une loi sur l'arbitrage facultatif, donné tous les moyens d'apaiser les conflits qui peuvent surgir. »

Messieurs, à cette première objection, dont je ne méconnais pas la valeur, je vous demande la permission d'opposer trois chiffres fournis par l'Office du Travail et qui vont vous dire ce que peut être, ce qu'est en réalité l'efficacité de la loi du 27 décembre 1892, dont, cependant, je ne discute ou ne nie en aucune façon les intentions excellentes et — je dis mieux — les résultats incontestables. Si, comme, hélas! je le crois, et comme vous allez le voir, elle n'a pas fourni, en pratique, des résultats qui puissent la faire tenir pour suffisante, elle a cependant un mérite qu'il est impossible de lui dénier. En inscrivant dans la législation les mots « arbitrage facultatif », en appelant les juges de paix à parler d'arbitrage aux parties en conflit, elle a habitué l'opinion publique à cette idée d'arbitrage dans les conflits du travail. Et si aujourd'hui nous croyons nécessaire et possible d'aller plus loin, ce n'est que parce qu'en 1892 un grand pas en avant a été fait. Ce n'est donc pas moi qui nierai, en aucune façon, la valeur et l'utilité de la loi de 1892 sur l'arbitrage facultatif.

Ce que je me permets de discuter, c'est son efficacité réelle. Quelle a-t-elle été?

En sept ans, de 1893 à 1899, les juges de paix sont intervenus dans 778 grèves sur 3.370, soit dans un quart (exactement 23 p. 100). On peut dire que ce chiffre, pour médiocre qu'il soit, est déjà pourtant assez respectable. On peut, d'ailleurs, faire remarquer que, dans les grèves qui ont été relevées, il en est de très peu importantes, et que, par conséquent, 23 p. 100 constitue un chiffre appréciable. Mais ce qui est intéressant, c'est moins encore de savoir quand et combien de fois le juge de paix a essayé de remplir sa mission que de savoir si, en réalité, il a pu la remplir et à quels résultats il est arrivé. Or, en ces sept années, sur 3.370 grèves, savez-vous, Messieurs, combien il y a eu d'arbitrages? Exactement 24! Et, en ces sept ans, combien de tentatives de conciliation avant que le conflit n'éclatât? ... 33!

Notez que s'il n'y a pas eu de tentatives de conciliation avant que la grève n'ait éclaté, il ne faut pas en vouloir aux juges de paix. La loi ne leur donne pas le droit de prendre cette initiative. La loi de 1892 s'est bien préoccupée d'apaiser le conflit : elle ne s'est pas souciée de le prévenir; le juge de paix ne peut intervenir que lorsque la grève a commencé. S'il le fait auparavant, c'est que les parties spontanément — ce qui est, vous venez de le voir, extrêmement rare — ont fait appel à lui avant même que la grève ne fût déclarée.

Ainsi, je puis dire avec des chiffres et des faits, que la loi de 1892, qui ne se préoccupe d'apaiser le conflit que lorsqu'il a éclaté, n'a point du tout — on peut bien dire « du tout » — réussi à atteindre le but qu'elle avait visé. Et tout de suite la question qui se pose, Messieurs, devant des industriels, devant des hommes d'affaires comme vous, et, permettez-moi de le dire, devant le Gouvernement qui a la charge et la responsabilité à la fois de l'ordre social et de la fortune nationale, est celle-ci : Peut-on se désintéresser de l'apaisement des conflits du travail? Parce qu'il est possible et même probable, étant donnée la faillibilité humaine, que les arbitres, en certains cas, se tromperont, peut-on dire, qu'étant donné ce risque d'erreur, il vaut mieux laisser les parties en présence se tirer d'affaire comme elles pourront, plutôt que d'organiser les moyens nécessaires pour apaiser et terminer le conflit qui a éclaté ?

Quant à nous, nous ne le croyons pas. Je reconnais qu'il peut y avoir sur ce point deux opinions très nettes. On peut penser qu'il vaut mieux laisser le conflit se dérouler — permettez-moi le mot — dans l'état inorganique actuel ;

qu'il y a moins de risques à laisser d'un côté le patron chez lui, de l'autre l'ouvrier dans la rue ; et que le temps accomplira ce que les parties n'ont pu faire tout d'abord. C'est une opinion, ce n'est pas la nôtre.

Nous pensons qu'il est du droit et du devoir étroit d'un Gouvernement, et surtout d'un Gouvernement d'opinion comme le nôtre, de tout faire pour que les parties en présence soient en possession d'un moyen propre à terminer ce conflit. Et alors, la nouvelle question qui se pose, la première étant résolue, est celle-ci : si la nécessité d'un arbitrage, c'est-à-dire d'une fin pacifique du conflit, est démontrée et admise, la grosse difficulté qui se présente et qui est d'ordre pratique est de savoir qui sera l'arbitre.

L'arbitre doit remplir au moins trois conditions : il faut qu'il soit autorisé, compétent, impartial. Autorisé, parce que, surtout dans des grèves de la nature de celles qui éclatent dans la grande industrie, il est indispensable que l'arbitre se présente devant les parties avec un certain prestige. Sans vouloir médire de nos magistrats de canton, il est certain qu'à l'heure actuelle les juges de paix ne jouissent pas, en général, d'un prestige suffisant pour pouvoir assumer ce rôle. Il ne suffit pas que l'arbitre soit autorisé, il faut — et je n'ai pas besoin d'insister sur ce point — qu'il soit compétent. Il importe surtout qu'il n'ait pas par avance pris parti, et qu'en allant devant lui, une des deux parties ne se sache pas d'avance sacrifiée : il faut donc qu'il soit de plus impartial.

Eh bien! Messieurs, nous proposons un arbitre qui s'appelle le Conseil du travail, composé d'hommes qui n'ont pas été choisis pour la circonstance. Ce ne sont pas, comme on l'a dit parfois, des juges désignés pour une affaire. Ce sont des hommes qui ont été élus bien avant le conflit, sans savoir qu'ils auraient à le juger. Ils ont été nommés : les uns par les syndicats patronaux, les autres par les syndicats ouvriers. Ils ont donc qualité — on a le droit de le dire — puisque c'est devant la section dont relève l'industrie intéressée que sera porté l'arbitrage, si, — que la Chambre n'oublie pas ce point, — les parties n'ont pas respectivement choisi leur arbitre. Chaque partie, en effet, a d'abord le droit de désigner son arbitre, et ce n'est que dans le cas où les deux parties ne les désigneraient pas, ou dans le cas où les arbitres désignés ne pourraient pas aboutir, que nous en venons à l'arbitrage du Conseil du travail. Ce Conseil du travail, je viens de vous indiquer les garanties qu'à mon avis il offre. Croit-on qu'un autre arbitre serait préférable? Qu'on nous le propose! J'estime qu'il est d'une importance capitale que l'arbitre désigné aux parties, si elles n'ont pu respectivement en choisir un, soit un arbitre qui remplisse les conditions d'autorité, de compétence, d'impartialité que j'énumérais tout à l'heure. Mais si l'on en trouve un autre, individu ou corps constitué, capable d'offrir aux deux parties en présence des garanties égales ou supérieures à celles du Conseil du travail, nous sommes prêts à l'accepter.

Vous entendez bien, en effet, — et je suis heureux de le dire en passant, — que j'insiste, en ce moment, sur les conditions maîtresses du projet de loi, sur les principes qui le commandent, qui le dominent; quant aux procédés d'exécution, personne ne sera plus heureux que moi d'accepter les amendements susceptibles d'améliorer les détails du projet.

Pour en finir avec la première question qui se posait à nous, il nous paraît indispensable, je le répète, de fournir aux parties les moyens de mettre fin aux conflits du travail. Pour cela, si les parties ne se sont pas entendues sur le choix d'un arbitre, nous avons cru nécessaire d'en indiquer un, remplissant les conditions que j'ai rappelées d'un mot; mais nous n'avons pas borné là notre ambition. Nous avons pensé qu'un projet qui n'aurait d'autre objet que d'apaiser les conflits du travail était insuffisant. Pour que l'on puisse aboutir — ce qui est le vœu de tous les bons citoyens — à rendre plus rares les conflits du travail, il ne faut pas seulement chercher à les apaiser, il faut surtout chercher à les prévenir. (*Très bien!*)

Messieurs, une des critiques que j'ai entendu le plus souvent diriger contre le projet de loi est celle relative aux sanctions. Je crois bien qu'ici même on nous a accusés de vouloir employer gendarmes et cachots, soit pour obliger le patron à fermer son usine, soit pour contraindre les ouvriers à se rendre au travail, ou, au contraire, à chômer.

C'est absolument inexact. Il n'y a rien de pareil dans le projet de loi.

Le projet, Messieurs — c'est une critique qu'on pourra lui adresser et que je ne dissimule en aucune façon — ne comporte que des sanctions purement morales, puisque, contre le patron aussi bien que contre les ouvriers, il ne permet et ne prévoit, si l'on manque aux règles qu'il pose, que la perte du droit d'élire et d'être élu aux différents conseils professionnels, à la composition desquels ouvriers et patrons sont respectivement appelés à participer. Telle est la seule sanction prévue. J'entends l'objection :

« Si vous n'avez que des sanctions de cette sorte, nous dit-on, votre projet ne sera pas appliqué ! »

Entendons-nous. Si nous n'avons prévu que de pareilles sanctions, tout au moins, voilà notre projet absous du reproche de tyrannie. J'ajoute qu'un pareil projet ne peut, en effet, trouver sa sanction dans la contrainte. Comme, au début, il rencontrera très probablement des deux côtés des résistances à son application, d'où viendra son succès? Uniquement des mœurs nouvelles que le projet de loi lui-même introduit dans la vie industrielle; et j'en reviens ainsi à la première partie du projet, à celle où il se propose de prévenir les conflits du travail. Comment?

Par une organisation nouvelle de l'usine.

On a prononcé à ce sujet le mot de « parlementarisme industriel ». Si c'est une épigramme, nous l'acceptons. J'ai eu, pour ma part, déjà l'occasion de dire qu'à mon avis les temps de la monarchie absolue étaient passés, à l'intérieur de l'usine comme au dehors. C'est une idée qui peut éveiller, je le sais et ne m'en étonne en aucune façon, de nombreuses susceptibilités. Il est naturel qu'un patron ayant des intérêts nombreux à défendre, de lourdes responsabilités à assumer, soit jaloux de son autorité. Il faudrait, en vérité, avoir l'esprit bien étroit pour ne pas comprendre qu'en défendant son autorité un patron croit, en certains cas, défendre avec ses intérêts personnels l'intérêt même de son industrie et des ouvriers qu'elle fait vivre. (*Très bien!*)

Par conséquent, Messieurs, j'ai à peine besoin de le dire, le projet serait d'avance condamné, s'il se proposait de ruiner la part qu'il est nécessaire de réserver à l'autorité dans l'usine. C'est d'un tout autre ordre d'idées qu'il procède.

M. le Président du Conseil, et moi-même, en déposant ce projet, nous avons été pénétrés de cette idée, qu'à l'heure actuelle l'autorité patronale, pour indispensable qu'elle soit, doit cependant user d'autres méthodes, de procédés différents, de moyens autres que ceux employés jusqu'ici.

Qu'on le regrette ou qu'on s'en loue, il n'est pas douteux que le patron dans l'usine doive faire admettre et accepter son autorité par ceux-mêmes qui sont appelés à la supporter. (*Très bien! Très bien!*) Il faut qu'ouvriers et patrons en viennent, les uns à comprendre le bien fondé des règles qui leur sont imposées, les autres à motiver les règlements qu'ils doivent appliquer. Entre le patron et les ouvriers, il est non seulement possible, mais, à mon avis, indispensable, surtout dans les grandes agglomérations, qui deviennent de jour en jour plus fréquentes, que le contact entre les ouvriers et le patron soit quotidien, que les ouvriers sachent qu'ils ont des moyens réguliers, permanents, de faire connaître leurs plaintes, justes ou non, leur manière de voir, vraie ou fausse, à celui qui est leur chef.

Eh bien! Messieurs, pour y arriver, nous proposons l'institution de délégués.

Et ici, je ne puis m'empêcher de faire remarquer aux patrons qui m'écoutent, qui connaissent la question, parce qu'ils la vivent, que jusqu'à présent, s'il est une plainte que nous ayons entendu formuler, c'est la suivante. Bien souvent, des patrons déclarent, à tort peut-être, mais telle est leur prétention : « Nous voulons bien discuter avec nos ouvriers, mais nous nous refusons à admettre que des hommes étrangers à notre usine, ne faisant pas partie de notre personnel, viennent précisément aux heures difficiles, au moment où nous sommes en conflit avec ce personnel, prendre la parole en son nom. »

Que fait le projet? Il décide que dans les usines d'une certaine importance, les ouvriers devront élire l'un d'entre eux qui sera leur délégué. Ils le nommeront dans des conditions précises, déterminées, de façon que ce délégué soit le représentant indiscutable de la majorité du personnel qui travaille à l'usine.

Quel sera son droit? Ce sera, à des époques périodiques et réglées, de voir soit le patron, soit son représentant, de lui dire : « Voici, sur tel point, la plainte qui est formulée; voici, sur tel autre, le changement qui est demandé : causons, dites-nous ce que vous en pensez. »

Ce n'est pas une institution nouvelle, qui n'ait jamais été mise en pratique, que celle que propose le projet de loi. Elle fonctionne en ce moment même au Creusot. Là aussi, après une grève importante dont je n'ai pas à rappeler les péripéties, on s'est préoccupé d'empêcher, pour l'avenir, les conflits de renaître; on a pensé qu'il était utile, indispensable, de créer, entre le personnel de l'usine et le patron, ces relations quotidiennes, ce contact permanent, qui permissent à l'un de connaître, aux autres de faire savoir quels étaient les désirs, les vœux du personnel. C'est cela que nous organisons. Il me semble que c'est un point sur lequel il est dificile que l'on réponde, *a priori*, par une fin de non-recevoir.

Aussi bien, est-ce que nous obéissons à une fantaisie de notre esprit ou à un caprice de notre imagination, en constituant ainsi en un corps les travailleurs d'une usine? En aucune manière.

M. Yves Guyot, un républicain dont les doctrines économiques diffèrent, vous le savez, beaucoup des miennes, a fait remarquer avec justesse — il n'est ni le premier ni le seul — que, dans une usine, il est inexact de prétendre qu'il n'existe que des contrats particuliers entre l'employeur et chacun des ouvriers pris isolément. Il s'y trouve autre chose : un véritable contrat collectif, contrat qui intervient entre l'employeur, d'une part, et, de l'autre, l'ensemble des ouvriers ou des employés occupés à une même tâche. Cette collectivité d'ouvriers ou d'employés attachés à une même œuvre est reliée par une communauté d'intérêts, elle forme un tout; c'est une société de fait avec laquelle, directement ou indirectement, explicitement ou implicitement, le patron a passé un contrat qui s'exécute chaque jour. Eh bien ! nous constatons ce fait et nous le faisons passer dans le droit; car, Messieurs, j'arrive — et c'est par là que je vais terminer — à l'objection, sinon la plus forte, du moins la plus frappante qui ait été adressée au projet de loi.

Lorsque nous avons considéré cette association d'ouvriers et d'employés qui travaillent ensemble pour un patron, qui sont occupés à la même tâche, et lorsque nous avons demandé à cette association, à cette petite collectivité, de désigner un délégué pour entrer en relations réglées avec le patron, pour lui transmettre ses vœux, ses réclamations, ses désirs, nous avons été fatalement amenés à penser et à dire que cette association ainsi constituée suivrait, pour formuler et se faire connaître à elle-même ses volontés, la seule voie qui nous apparaisse comme praticable. Toutes les fois que des hommes sont réunis pour dégager leurs opinions, il n'y a qu'un moyen : c'est qu'ils délibèrent. Après qu'ils auront discuté, il leur faudra passer au vote, et la majorité fera loi. En dehors de cette règle, il n'y a qu'anarchie et chaos.

Dès lors que nous envisagions la société de fait des ouvriers employés dans une même usine, il n'y avait qu'un procédé pour lui permettre de manifester ses sentiments : c'était d'abord qu'elle nommât des délégués, chargés de faire connaître ses réclamations. Le patron ayant estimé dans son indépendance, après avoir consulté ses intérêts, qu'il ne peut pas satisfaire à la demande qui lui est adressée en informe le délégué.

A l'heure actuelle, que se passe-t-il et comment une volonté se dégage-t-elle d'une agglomération de travailleurs? C'est bien simple : les ouvriers, sans consultation régulière, sans délibération ordonnée, arrêtent comme ils veulent, ou plutôt comme ils peuvent, leurs résolutions. Trop souvent — je n'apprends rien à ceux qui m'écoutent — c'est avant même d'avoir formulé ce qu'ils désirent qu'ils cessent le travail. Est-ce qu'en fait, lorsqu'ils quittent l'atelier, c'est que la majorité l'a décidé? Bien que nous n'en sachions rien, puisqu'elle n'a pas été régulièrement consultée, en fait, — personne ne le nie d'aucun côté, — très souvent, il y en a même qui disent le plus souvent, c'est une minorité qui impose sa volonté à la majorité.

Que décide le projet? Il a constitué ou mieux reconnu la société de fait des ouvriers; il lui a donné le droit et imposé le devoir d'élire des délégués. Le patron est entré en conversation avec eux; l'accord ne s'est pas établi verbalement entre les deux parties. Que dit le projet? Il dit aux ouvriers :

Vous allez rédiger, par écrit, vos réclamations qui seront présentées par votre délégué au patron. Celui-ci saura ainsi, d'une façon précise, ce qu'il a à faire, devant quelle revendication déterminée il se trouve : ou il l'acceptera, et il n'y aura pas de conflit; ou il la repoussera et les ouvriers céderont, et, cette fois encore, il n'y aura pas de conflit; ou, au contraire, les deux parties persisteront dans leur manière de voir. Alors chacune des deux parties connaissant la manière de voir de l'autre, le patron répondra aux ouvriers dans un délai de quarante-huit heures : « Il m'est impossible d'accepter les revendications que vous avez formulées par écrit; il y a donc conflit entre nous, puisque vous persistez dans votre opinion et moi dans la mienne. Voici le nom de l'homme en qui j'ai mis ma confiance, que je tiens comme un arbitre autorisé, compétent et impartial, et que j'ai chargé du soin de défendre mes intérêts. »

Les ouvriers en font autant de leur côté, et il faut que les arbitres se mettent d'accord dans un certain délai.

De sorte, Messieurs, qu'il ne peut être question de cessation de travail qu'à deux conditions : d'abord que les ouvriers aient, par écrit, formulé leurs demandes; ensuite, ou que les parties aient refusé de nommer des arbitres, ou que, dans un délai déterminé, les arbitres n'aient pas abouti. Alors, intervient le vote. Ce n'est que si la majorité des ouvriers, consultée dans des conditions absolument régulières, qui garantissent autant que possible le secret et la sincérité du vote, a décidé la grève, qu'elle est déclarée.

Je lis dans un certain nombre de journaux et de documents : « Rien ne va être plus facile que de déclarer la grève; quelques meneurs vont rédiger des revendications, ils empêcheront ensuite qu'on nomme des arbitres, ou ils en feront nommer avec le mandat de traîner les choses en longueur; enfin, le moment venu de passer au vote, ils pèseront sur le scrutin de telle façon que la grève en sortira. »

Je n'y contredis pas. Je ne prétends pas que le projet supprime la grève. Je dis simplement qu'à un état chaotique et inorganique, comme celui qui existe aujourd'hui, il substitue une organisation légale et régulière.

Et quand on me répond : « Mais vous allez obliger une minorité à s'incliner devant la majorité! Vous allez obliger une minorité d'ouvriers à ne pas travailler, parce que la majorité aura décidé qu'elle ne veut pas travailler, ou même à travailler alors qu'elle ne le veut pas. Vous êtes un despote! Vous instituez dans la loi la tyrannie la plus odieuse, la plus abominable! » Ma réponse est simple : de quoi vous plaignez-vous et qu'est-ce qui est changé? Aujourd'hui, est-ce qu'une minorité n'opprime pas souvent la majorité? On nous le répète tous les jours. Ne gémit-on pas de voir les grèves éclater sans même que des réclamations aient été formulées, avant même que les parties aient été mises en demeure de désigner des arbitres, et à plus forte raison qu'un vote ait eu lieu?

Les journaux sont remplis de ces plaintes; c'est le spectacle qu'on nous dépeint partout.

Dans ces conditions, Messieurs, quelle est la critique vraiment sérieuse que l'on puisse diriger contre ce projet de loi? On peut prétendre que, tel qu'il est conçu, il ne sauvegarde pas suffisamment les droits de l'une ou de l'autre des parties, qu'il n'exige pas, par exemple, des délais assez longs; qu'il a tort de se contenter du vote du tiers des ouvriers pour que la grève soit proclamée, bien que — je le rappelle encore — aujourd'hui il n'est besoin ni du tiers, ni du quart des ouvriers pour que la grève soit déclarée sans aucune formalité. On peut prétendre tout cela, ou le contraire. Je comprends ces critiques contradictoires.

Elles ne touchent pas au principe même du projet. Elles en laissent intacte la vertu essentielle, qui est de faire entrer dans la vie industrielle, dans la pratique des ouvriers et des patrons, des mœurs nouvelles; et, laissez-moi l'ajouter : c'est précisément parce qu'il vise à introduire des mœurs nouvelles qu'il est attaqué, comme vous le constatez, par les uns et par les autres. Quelques-uns cependant font exception et vous me permettrez, Messieurs, de vous donner connaissance, en terminant, d'une lettre dont j'ai reçu communication ce matin même. Elle émane d'un homme qui ne passera pas auprès d'aucun de vous pour un exagéré : il a occupé de hautes et délicates fonctions, il s'intéresse depuis longtemps aux questions du commerce et de l'industrie : c'est M. d'Estournelles de Constant, le député de la Sarthe, l'ancien chargé d'affaires de France à Londres. Voici la lettre, adressée par lui au Président de la Chambre de Commerce du Mans, qu'il a bien voulu me communiquer ce matin ; il ignorait que j'aurais le plaisir de venir devant vous aujourd'hui et de vous lire sa lettre. La voici :

Paris, le 14 janvier 1901.

MONSIEUR LE PRÉSIDENT,

J'ai pris connaissance, avec la plus grande attention, de la lettre que vous m'avez fait l'honneur de m'adresser le 27 du mois dernier, pour me signaler le projet de loi sur l'arbitrage entre les ouvriers et les patrons et le rapport rédigé contre ce projet par l'honorable M. Chauvin. Vous savez, Monsieur le Président, en quelle estime je tiens la Chambre de Commerce du Mans et combien volontiers je rends justice à l'esprit libéral qui l'anime ; en particulier, personne n'apprécie avec plus de sympathie que moi la réelle valeur de M. Chauvin. Je suis donc autorisé à répondre avec une entière franchise à ce second point de votre lettre.

Je reconnais que le projet du Gouvernement est très hardi, très novateur; peut-être comporte-il des modifications nombreuses; mais je ne crois pas qu'il convienne de l'écarter sans discussion. Je crois, au contraire, qu'il mérite une étude approfondie et que cette étude, loin d'être dangereuse, ne pourra que faire honneur à notre pays et au Gouvernement de la République, en même temps qu'elle préparera la solution d'un des plus graves problèmes économiques et sociaux de notre temps.

La grève est un mal pour le pays tout entier; pour le patron qu'elle peut ruiner, comme pour l'ouvrier qu'elle réduit, lui et sa famille, au chômage et à la misère. Mais la question est de savoir s'il y a intérêt à laisser notre industrie, le capital et le travail, à la merci de ce fléau qui deviendra chaque jour plus menaçant avec les progrès de la concurrence étrangère et dont les désordres éclatent aujourd'hui partout sans aucune espèce de prévision ni de direction. Ne convient-il pas plutôt, puisque la grève est inévitable, de nous organiser pour qu'elle se produise le plus rarement possible? Et tel est, à mon avis, l'esprit qui anime le projet du Gouvernement.

Cet esprit, cette tendance très généreuse et très sage (je dirai même conservatrice dans le bon sens du mot), me semble avoir été trop méconnu par votre honorable Assemblée, comme par d'autres, qui m'ont également saisi de leurs protestations. Cela est si vrai, que le projet soulève, dans des milieux qui sont le plus hostiles aux Chambres de Commerce, des protestations beaucoup plus vives encore que les vôtres. Peut-être en sera-t-il comme de la loi sur les accidents du travail, qui, très mal accueillie à l'origine, est aujourd'hui considérée comme excellente malgré ses défectuosités. En tout cas, je vous demanderai la permission de réserver mon opinion définitive et sans parti pris jusqu'au jour, d'ailleurs assez éloigné, de la discussion au Parlement.

Veuillez, etc.

*Signé :* D'ESTOURNELLES.

Vous ne m'en voudrez pas, j'en suis sûr, Messieurs, d'avoir ajouté ce commentaire à mon discours déjà trop long. Il m'a paru qu'il définissait assez bien le rôle des Chambres de Commerce en général et de la Chambre de Commerce de Paris en particulier. Votre avis aura une légitime autorité. Quant à moi, je l'accueillerai avec la déférence qui lui est due et avec l'attention qu'il mérite, quel que soit d'ailleurs le sens dans lequel vous vous prononcerez.

Je voudrais terminer en vous soumettant cette simple réflexion : Je comprends que, dans le projet dont je viens de vous parler, certaines parties vous paraissent mal conçues, certains procédés critiquables ; je vous serai obligé de toutes améliorations que vous croiriez devoir me suggérer. Mais voulez-vous me permettre de vous dire, quelle que soit d'ailleurs votre décision ultérieure, qu'il n'y a qu'une solution que je regretterais pour nous tous : ce serait celle qui consisterait à n'opposer au projet qu'une simple et stérile négation. Le problème qu'il soulève est, je crois, trop grave, il est trop pressant, pour qu'une Compagnie comme la vôtre puisse se contenter de passer outre. Et même si elle juge que, tel quel, le projet n'a pas trouvé la solution convenable, elle estimera, je l'espère, que du moins une solution est nécessaire; que le problème étant posé, — il ne dépend ni de vous ni de moi qu'il le soit, et ce n'est pas nous qui, en rédigeant le projet de loi, l'avons fait naître, — il faut le résoudre.

D'avance je vous remercie, Messieurs, du concours que vous voudrez bien apporter aux Pouvoirs publics, dans une matière si délicate et si complexe; je vous prie seulement de m'excuser d'avoir si indiscrètement abusé de votre attention. (*Applaudissements.*)

## SYNDICATS ET CONFLITS DU TRAVAIL

« *La Coopération des Idées* », 16 *Mai* 1903.

Le 16 mai 1903, répondant à l'invitation du Comité de direction de l'Université populaire du faubourg Saint-Antoine, M. Millerand fit à « La Coopération des Idées » une causerie sur l'ORGANISATION OUVRIÈRE.

S'adressant à des travailleurs, dans ce milieu populaire du vieux faubourg, il exposa, au cours de cet entretien d'une heure, les diverses formes d'association à l'aide desquelles il est loisible, en France, de se grouper légalement, en indiquant le peu de différence qui existe entre le Syndicat et les diverses catégories d'associations prévues par la loi de 1901.

Partisan impénitent des syndicats, comme il le disait ailleurs, M. Millerand signala quelques-uns des principaux encouragements qu'il leur accorda pendant son passage au ministère du Commerce, en les associant, chaque fois que l'occasion lui parut propice, à l'œuvre d'éducation de la classe ouvrière.

Les deux projets qu'avec Waldeck-Rousseau il avait déposés étant ministre du Commerce et repris comme député sont, à ses yeux, le complément de la législation ouvrière actuelle.

Le premier a pour but de donner aux syndicats la capacité d'acquérir et de posséder sans limites, et de faire des actes de commerce. Les imperfections ou les lacunes que l'application de la loi de 1884 ont révélées et contre lesquelles on ne cesse de s'élever de partout sont corrigées ou comblées par le projet.

L'autre projet est celui qui est appelé à régler pacifiquement les conflits qui éclatent entre le capital et le travail.

La pensée de M. Millerand est tout entière dans ces paroles qu' « il faut, pour aller vers la République économique, substituer dans l'usine le principe de la monarchie constitutionnelle à celui de la monarchie absolue ».

La révolution violente, la grève générale sont condamnées par l'ancien ministre du Commerce avec sa coutumière netteté.

### Éducation et Solidarité.

Dans un pays de démocratie et de suffrage universel comme le nôtre, il n'y a pas d'intérêt supérieur à celui de l'éducation des citoyens. Nous sommes tous si étroitement solidaires que les fautes, les erreurs de la majorité ont une répercussion immédiate sur notre sort à tous. Le premier devoir, comme le premier intérêt de la République, est donc l'éducation du peuple.

La République l'a compris : les lois scolaires en sont la preuve. Ce n'est pas une œuvre médiocre que celle édifiée par la troisième République pour donner satisfaction à ces besoins : les lois sur la gratuité, sur l'obligation, sur la laïcité de l'enseignement primaire, l'organisation nouvelle de l'enseignement supérieur, les sacrifices consentis en sa faveur, tout porte témoignage que le parti républicain a vu et, pour une part, a rempli son devoir.

Quels que soient les progrès accomplis, il en reste davantage à réaliser, et c'est précisément pour pallier l'insuffisance de l'œuvre scolaire, pour, en partie, la compléter, que des citoyens de bonne foi et de bonne volonté ont entrepris ce magnifique effort des œuvres post-scolaires dont les Universités populaires sont, à coup sûr, un des types les plus intéressants. Elles ont grandi, elles se sont multipliées, elles ont traversé une crise dont, je le crains, elles ne sont pas encore sorties. Au premier rang des Universités populaires figure « La Coopération des Idées », dont on ne peut prononcer le nom sans l'associer immédiatement à celui de l'homme qui en est l'âme : j'ai nommé M. Deherme. J'ai suivi, je suis chaque jour avec un vif intérêt tout ce qu'il fait ; il ne s'étonnera pas que nous ne soyons pas toujours d'accord ; il est passionné ; s'il ne l'était pas, il n'aurait rien fait de ce qu'il a réalisé ; mais aussi, il me permettra de le lui dire, à cause de cela même il n'est pas toujours juste, et j'aurai tout à l'heure l'occasion de le lui reprocher amicalement. Par contre, il est toujours sincère et désintéressé ; et c'est pourquoi j'ai été très heureux, en venant ici ce soir, de lui apporter une preuve de sympathie personnelle en même temps que de donner à son œuvre ma modeste contribution.

Dans cette maison d'éducation et de solidarité, il m'a semblé qu'un sujet convenable à traiter était celui de l'organisation ouvrière, autrement dit des procédés par lesquels les travailleurs unis apprennent à connaître et à défendre leurs intérêts professionnels, individuels et corporatifs; le sujet est immense; je n'ai pas la prétention, dans une causerie d'une heure, d'en signaler tous les aspects. Je voudrais simplement toucher quelques points de cette vaste question et exposer notamment, indiquer tout au moins, les modes actuels les plus simples que les lois de la République offrent aux ouvriers pour s'organiser :

— quelques-unes des mesures prises pour les y inciter;

— certains projets dont le but est d'améliorer et de défendre cette partie de la législation ouvrière;

— enfin quelques-unes des idées générales qui me paraissent commander la matière.

### Le Syndicat.
### Les associations professionnelles.

Le mode le plus connu, le plus simple, qui s'offre à des ouvriers désireux de s'unir pour étudier et défendre leurs intérêts professionnels est le syndicat; il est régi par la loi du 21 mars

1884. Les conditions de sa formation, vous les connaissez, elles sont simples. Les fondateurs doivent déposer les statuts et les noms de ceux qui sont chargés de l'administration ou de la direction à la mairie, et, à Paris, à la Préfecture de la Seine. Les administrateurs et les directeurs doivent être Français et jouir de leurs droits civils. Le dépôt doit être renouvelé à chaque changement de la direction ou des statuts.

Quelle est la capacité du syndicat ainsi formé? Il a la personnalité civile: il peut, comme on dit dans la langue du droit, ester en justice, c'est-à-dire lancer ou recevoir une assignation; il peut employer ses cotisations notamment à l'acquisition d'immeubles, mais il ne peut avoir d'autres immeubles que ceux nécessaires à ses réunions, à sa bibliothèque et aux cours d'instruction professionnelle; il peut, ce qui n'a d'ailleurs plus grand intérêt depuis la loi de 1898, constituer entre ses membres des caisses spéciales de secours mutuels et de retraites; il est libre, sans être soumis aux formalités du décret spécial de 1852, de créer des bureaux de placement.

Il n'y avait, jusqu'à ces dernières années, pas d'autre mode de groupement facilement accessible aux associations ouvrières. Une circulaire récente du président du Conseil, en date du 12 janvier 1903, vient d'attirer l'attention du prolétariat sur de nouvelles facilités qui sont à sa disposition. En voici le texte :

« Dans un certain nombre de départements, les cantonniers de divers services de voirie, se fondant sur la loi du 21 mars 1884, ont cru pouvoir former des syndicats professionnels.

« La question de légalité de ces associations, qui était restée indécise, vient d'être tranchée par une récente décision de M. le ministre de la Justice, que je crois utile de porter à votre connaissance, après entente avec M. le ministre des Travaux publics.

« M. le ministre de la Justice estime que les cantonniers n'ont pas qualité pour invoquer en leur faveur le bénéfice de la loi du 21 mars 1884, attendu que, d'après la jurisprudence de la Cour de cassation (arrêt du 27 juin 1885), le droit de former un syndicat est restreint à ceux qui, soit comme patrons, soit comme ouvriers ou salariés, appartiennent à l'industrie, à l'agriculture, ou au commerce, à l'exclusion de toutes autres personnes ou de toutes autres professions.

« Il ajoute, toutefois, que, d'après la loi du 1er juillet 1901 sur le contrat d'association, la question de légalité des syndicats paraît avoir perdu la plus grande partie de son intérêt. Aux termes de cette loi, en effet, les citoyens peuvent former entre eux, sans condition de profession, des associations régulières qui, une fois déclarées, présentent à peu près les mêmes avantages que les syndicats professionnels. Il en résulte que le groupement, dissous comme syndicat, peut librement se reformer comme association.

« Dans ces conditions, les procureurs généraux ont reçu des instructions les invitant à provoquer la dissolution des syndicats de cantonniers constitués en vertu de la loi du 21 mars 1884, et à faire connaître, en même temps, aux administrateurs de ces syndicats qu'il leur est loisible de former valablement une association nouvelle, en se conformant aux prescriptions des articles 1 et 2 de la loi du 1er juillet 1901, et en se plaçant sous l'empire de cette loi. »

Si j'avais à étudier cette circulaire en elle-même, j'aurais plus d'une réserve à formuler; les expressions en sont tout à fait incorrectes; il n'appartient pas au ministre de la Justice de trancher une question de légalité; son rôle doit se borner à donner son opinion. J'ajoute que, dans l'espèce, cette opinion est tout ce qu'il y a de plus discutable. Mais ce n'est point mon sujet, et je ne me suis arrêté à cette circulaire que pour mettre en lumière le procédé nouveau que la loi du 1er juillet 1901, complétée par le décret du 16 août 1901, offre aux ouvriers.

D'après cette loi — et les congrégations mises à part — trois catégories d'associations peuvent se former. La première est légale, mais impuissante; elle ne jouit, en effet, d'aucune capacité juridique, de même qu'elle n'est soumise à aucune formalité. La seconde, qui est appelée sans doute à être la plus répandue parce qu'elle acquiert contre une simple déclaration une capacité juridique sérieuse, est évidemment celle dont les ouvriers useront le plus volontiers. Sa différence essentielle avec le syndicat est qu'elle ne peut recevoir à titre gratuit; c'est là un droit qui n'appartient qu'à la troisième catégorie d'associations établies par la loi de 1901 : celles-ci, dès qu'elles sont reconnues d'utilité publique, jouissent d'une capacité complète, tandis que le syndicat peut, sans autorisation, recevoir des dons et des legs. D'autres différences secondaires, les unes favorables, les autres restrictives, sont les suivantes : ces associations de la loi de 1901 restent soumises, si elles veulent créer des offices de placement, aux prescriptions du décret du 25 mars 1852. Elles doivent déclarer leurs statuts et les noms de leurs administrateurs à la préfecture ou à la sous-préfecture, à Paris à la Préfecture de police, et de plus faire, dans le mois, publier une insertion au *Journal officiel*. Aucune condition de nationalité ni de jouissance des droits civils n'est exigée de leurs administrateurs. Alors que le syndicat ne peut exclusivement s'occuper que de l'étude et de la défense des intérêts professionnels, le champ d'activité des associations de la loi de 1901 est sans limite.

## Le rôle de l'État.

Ce n'est pas mon intention d'examiner, et il serait peut-être d'ailleurs assez malaisé de décider quelle forme, du syndicat professionnel ou de l'association de la loi de 1901, est actuellement préférable pour les travailleurs. Il n'est pas téméraire de penser que longtemps encore, sinon toujours, la forme du syndicat professionnel sera préférée par les associations ouvrières. Je ne crois d'ailleurs pas inutile de rappeler ici quelques-uns des encouragements donnés à la formation des syndicats, sur mon initiative, par le gouvernement de Waldeck-Rousseau.

Les décrets du 10 août 1899 sur les conditions du travail ont, dans leur article 3, paragraphes 1, 2 et 3, décidé que, pour la constatation et la vérification du taux des salaires et de la durée de la journée de travail, l'administration devra tout d'abord se référer aux accords existant entre les syndicats patronaux et ouvriers, et, en tout cas, les consulter pour tous renseignements utiles.

Le décret du 1er septembre 1899, qui a réorganisé le Conseil supérieur du travail et en a fait un corps élu, a, dans son article 6, 1°, décidé que quinze des délégués ouvriers sur vingt-deux seraient élus par les syndicats ouvriers.

Le décret du 17 septembre 1900, qui a institué les Conseils du travail, a, dans son article 3, paragraphes 3 et 4, donné pour électeurs aux membres patrons et aux membres ouvriers respectivement les syndicats patronaux et les syndicats ouvriers.

Ainsi je me suis délibérément donné pour but d'encourager par tous les moyens légaux la création des syndicats.

C'est pour moi un plaisir, en même temps qu'un devoir, de rendre justice aux collaborateurs intelligents et dévoués que j'ai trouvés pour cette œuvre dans les rangs de l'administration. Et c'est ici que je chercherai chicane à notre ami Deherme. Dans un récent article de *La Coopération des idées*, il écrivait, au moment même de constater le développement considérable des associations professionnelles, coopératives, scolaires, etc., les lignes suivantes : « ... D'ailleurs, la démocratie est plus avancée qu'on ne le croit généralement; dans un pays comme le nôtre, en pleine guerre civile des partis, *sous une administration incohérente et stupide*, malgré le fonctionnarisme, les facilités qu'on accorde à l'impéritie, etc., etc. »

Eh bien, non ! Je laisserais passer sans les relever, tant, hélas ! elles sont banales, si je les trouvais dans un journal quelconque, les épithètes que je viens de lire accolées au nom de l'administration française; mais je me reprocherais de le faire quand je les trouve sous la plume d'un homme comme M. Deherme. Non, elle n'est ni incohérente, ni stupide. Une administration où, pour ne citer que celle que je connais bien pour l'avoir dirigée pendant trois ans, j'ai trouvé des collaborateurs immédiats d'une si haute valeur intellectuelle et morale, sans parler de tout ce corps de l'inspection du travail, qui est dans son ensemble si digne d'admiration et d'éloge, ne mérite pas d'être traitée avec ce dédain et ce mépris. Aussi bien, les résultats obtenus prouvent que ce n'est pas en vain que tant de bonne volonté s'est dépensée. Vous trouverez au *Bulletin de l'Office du travail* de février 1903 quelques renseignements décisifs sur le développement qu'ont pris les syndicats professionnels; vous y verrez comment s'est augmenté dans les trois dernières années connues, 1899, 1900 et 1901, le nombre des syndicats et des syndiqués, des Bourses du travail et de leurs adhérents.

### La législation ouvrière. — Deux projets.

Si la législation actuelle n'a point été inutile, je la tiens cependant pour incomplète, et vous me permettrez de retenir un instant votre attention sur les deux projets que j'ai déposés avec

Waldeck-Rousseau comme ministre du Commerce, et repris comme député au début de la législation nouvelle. Leur but est d'améliorer et d'étendre singulièrement la législation ouvrière.

Le premier a pour objet d'accroître la capacité des syndicats et de donner à la loi de 1884 les sanctions reconnues légitimes et nécessaires. D'abord la capacité d'acquérir et de posséder du syndicat est étendue au point de n'avoir plus de limites; outre le droit d'acquérir et de posséder, à titre onéreux ou gratuit, tous biens meubles ou immeubles, il a le droit, sous certaines conditions, de faire des actes de commerce qui lui permettront de développer et de faire fructifier ses ressources. Dans ce but, il aura la possibilité de juxtaposer au syndicat une Société commerciale, comme aujourd'hui une Société de secours mutuels et de retraites. Si le syndicat veut faire des opérations commerciales, il ne sera pas nécessaire pour chacun de ses membres de souscrire une action et d'en verser le dixième : le syndicat, qui est une personne civile, pourra être propriétaire de la totalité des actions et les administrateurs de la Société commerciale ne seront pas tenus d'être individuellement actionnaires; l'Assemblée générale de la Société sera formée de mandataires désignés par le syndicat.

Contre le danger de voir le syndicat s'écarter de son but essentiel, qui est la défense des intérêts généraux de la profession, pour s'absorber dans le souci de ses intérêts particuliers, le remède est aussi proche qu'aisé : il surgira bien vite en face de lui un autre syndicat, plus fidèle à sa mission. Peut-on être sceptique, quand on a devant soi, pour ne prendre qu'un exemple, une œuvre comme la Verrerie ouvrière d'Albi, qui n'a jamais séparé de la légitime préoccupation de ses intérêts matériels le noble souci des intérêts généraux du prolétariat ?

A côté de ces dispositions essentielles le projet en contient deux autres; la première, comblant une lacune de la loi de 1884, donne aux unions de syndicats, comme aux syndicats eux-mêmes, le droit d'ester en justice et celui de posséder les immeubles nécessaires à leur fonctionnement. Les Bourses du travail trouveront dans ce droit nouveau des facilités singulières pour leur développement. Enfin, la loi de 1884 est dotée de sanctions depuis si longtemps réclamées : le patron qui aura renvoyé ou refusé d'embaucher un ouvrier parce que syndiqué, comme le syndicat qui aura mis en interdit un patron dans un autre but que d'assurer les conditions du travail fixées par lui et la jouissance des droits reconnus aux citoyens par les lois, seront passibles d'une action en réparation du préjudice causé. En même temps, comme vous le voyez, que l'exercice de la loi de 1884 obtient ainsi une protection nécessaire, le droit pour le syndicat de mise en interdit est, en principe, formellement reconnu.

Le second projet dont il me reste à vous entretenir est plus hardi, parce qu'il aborde une question toute nouvelle. C'est le projet connu sous le nom de « Projet sur le règlement amiable des différends relatifs aux conditions du travail » ou sous le titre plus répandu et tout à fait inexact de « Projet sur la grève obligatoire ». Son but essentiel est l'organisation ouvrière à l'usine. Dans tout établissement de plus de cinquante ouvriers, ceux-ci peuvent, et dans certains cas doivent nommer des délégués chargés d'être, à des intervalles périodiques, leurs intermédiaires naturels et légaux avec la direction. Si le chef d'établissement n'admet pas les réclamations du personnel présentées par les délégués ouvriers, ceux-ci les lui remettront par écrit dans un délai fixé. La direction devra faire connaître sa réponse également par écrit et, si elle maintient sa décision, faire connaître les noms des arbitres qu'elle a choisis; si elle n'en désigne pas, la grève pourra être décidée; si elle en choisit, les ouvriers devront, dans un délai fixé, faire connaître à leur tour le nom de leurs arbitres, et si la sentence arbitrale n'a pas, dans un nouveau délai fixé, été rendue soit par les arbitres choisis, soit par un arbitre commun, la grève pourra encore être décidée.

A quelles conditions? Elle ne pourra l'être que

par un vote régulier du personnel : la majorité fera loi; le travail sera continué ou suspendu selon qu'elle l'aura décidé. Si elle est résolue à la grève, le vote sera renouvelé toutes les semaines. En cas de grève déclarée, les sections du Conseil du travail compétentes interviennent de droit comme arbitres; leurs sentences valent conventions entre les parties pour une période de six mois. En cas d'inexécution, patron ou ouvriers seront frappés de sanctions toutes morales.

Vous savez quelles résistances a soulevé ce projet du côté des patrons, encore que, je suis heureux de le dire, un certain nombre ait nettement compris le but et les avantages du projet et s'y soit courageusement rallié en indiquant les modifications qui leur paraissent utiles, tel le Comité républicain du Commerce et de l'Industrie. La plupart de ceux qui se sont cabrés devant ce projet y ont vu — et je ne disconviens pas qu'elle s'y trouve — une véritable révolution pacifique. C'est, en effet, pour la première fois, le droit des ouvriers légalement reconnu à intervenir dans l'administration de l'usine; c'est la substitution légale du contrat collectif au contrat individuel; et sans vouloir à cette heure entrer dans l'examen de ce grave problème, il est bien certain qu'aujourd'hui, dans tout établissement comprenant un personnel un peu considérable, ce n'est pas avec un ouvrier individuellement que traite le patron, mais avec l'ensemble des ouvriers. Les conditions sont faites pour tous, et s'il est à la fois possible et légitime pour la collectivité des ouvriers de discuter les conditions générales de leur travail avec le patron, il est non seulement impossible, il est illogique pour un ouvrier isolé de prétendre discuter les conditions de son travail — à supposer qu'il puisse le faire — avec le patron. C'est, comme on l'a dit, la monarchie constitutionnelle que le projet de loi dont je parle substitue à la monarchie absolue dans l'usine; c'est le premier pas vers la République économique. Toute la question pour les patrons est de savoir s'ils préfèrent que cette transformation inévitable s'opère pacifiquement et sans heurts, ou s'ils aiment mieux, par leur résistance obstinée et irréfléchie, provoquer des explosions dont personne ne saurait à l'avance mesurer les conséquences.

Quant aux ouvriers et à leurs partisans, pour s'étonner de leur opposition il faudrait ignorer l'histoire la plus récente : la loi de 1864, qui reconnaissait pour la première fois dans notre pays l'existence légale du droit de coalition et dont l'importance sociale était de premier ordre, n'eut pas d'adversaires plus acharnés que les députés de la gauche.

En 1884, se tenait à Rennes le VIIIe Congrès national du Parti ouvrier, dans la préface du compte rendu duquel je lis ceci : « ... Certes, le

Congrès s'occupa aussi d'organisation et de tactique. C'est ainsi que, dans le pays même de M. Waldeck-Rousseau, alors ministre, et aux applaudissements du public rennais, il se prononça contre la loi du 21 mars 1884, dite « des syndicats professionnels », qualifiée par lui « d'œuvre de police et de réaction ».

Il sied de rapprocher de ces lignes le texte intégral de la première résolution adoptée par le Congrès; il est de nature à faire réfléchir les amis sincères des organisations ouvrières. En voici le texte :

« *De l'attitude des Chambres syndicales ouvrières devant la nouvelle loi sur les syndicats professionnels.*

« Considérant que la tolérance conquise dont jouissaient les Chambres syndicales et groupes ouvriers équivalait presque à la liberté d'association ;

« Que si la législation devait intervenir, ce devait être seulement pour légaliser cette situation en introduisant dans les Codes la liberté complète d'association et de réunion, aussi bien que la personnalité civile pour toute Société se soumettant à des conditions de publicité suffisantes ;

« Qu'au contraire la loi de réaction du 21 mars 1884 restreint toutes les libertés :

« 1° En imposant aux syndicats une forme déterminée ;

« 2° En maintenant les articles 414 et 415 du Code pénal, déclarant punissable « quiconque, à l'aide de « violences, voies de fait, menaces ou manœuvres

« frauduleuses, aura amené ou maintenu, tenté « d'amener ou de maintenir une cessation concertée « de travail dans le but de forcer la hausse ou la « baisse des salaires »;

« 3° En écartant des Administrations syndicales les membres des syndicats nés à l'étranger;

« En interdisant aux syndicats de tirer profit de la location de leurs immeubles, etc., etc...;

« Le Congrès,

« Déclare œuvre de police et de réaction la loi du 21 mars 1884, et engage les Chambres syndicales et les Groupes ouvriers de chaque région à se grouper autour de l'Union fédérative de leur région pour résister solidairement à la mise en œuvre de cette loi, en même temps qu'il invite tous les groupes ouvriers à adhérer à la ligue de résistance qui s'est constituée à Paris à cet effet. »

Faut-il enfin rappeler qu'il y a quelques mois les socialistes révolutionnaires les plus qualifiés, s'opposant par tous les moyens au vote que je réclamais du Parlement de la journée de dix heures, allaient jusqu'à la qualifier à la tribune de « loi infanticide ». Il n'y a donc dans la résistance opposée aujourd'hui par un trop grand nombre de militants aux deux projets dont je viens de vous faire connaître la substance rien qui doive ni vous surprendre ni vous décourager. Sachons seulement ce que nous voulons et ayons le courage de le dire.

**Transformation. — Éducation.**

Ce que je veux, j'ai saisi pour ma part, et dans des circonstances toutes récentes, toutes les occasions de l'affirmer et de le préciser aussi nettement que possible. Je ne crois pas aux miracles d'où qu'ils viennent, pas plus d'en bas que d'en haut; je n'ai foi qu'en l'effort humain réfléchi et ordonné. Il me paraît qu'après avoir précisé le but que nous voulons atteindre, la première condition pour nous en rapprocher est de déterminer la méthode qu'imposent à notre action les conditions mêmes où nous vivons. Français de 1903, nous sommes les citoyens d'un pays de démocratie et de suffrage universel. L'émancipation du peuple, l'émancipation ouvrière n'est que la fin et le couronnement de l'œuvre entreprise depuis des siècles et dont la Révolution française a marqué une phase décisive. Avec la République, avec le suffrage universel, il est non seulement absurde, mais dangereux pour le succès même des idées que nous défendons, d'appeler la révolution. Aussi bien, ceux qui l'appellent le plus souvent sont assez discrets sur les moyens d'y procéder. Etre révolutionnaire, cela permet, sous prétexte d'attendre le jour inconnu où s'opérera le changement total, de se borner, en ne faisant rien, à critiquer ceux qui agissent et qui prennent des responsabilités.

Je suis un adversaire résolu, dans notre pays et à notre époque, de la révolution violente, quelle que soit la forme qu'on lui donne, et j'ai eu soin, il y a longtemps déjà pour la première fois, de condamner expressément une de ses formes dont l'équivoque fait tout le succès et qu'on appelle la grève générale. La grève générale, que quelques-uns donnent pour terme et pour but à l'organisation ouvrière, ne peut commencer à se réaliser sans appeler et sans provoquer immédiatement des deux côtés des violences; elle n'est rien si elle n'est pas la révolution. Or, sous cette forme comme sous toute autre, la révolution, c'est-à-dire la transformation immédiate et totale, n'est que la plus décevante et la plus cruelle des illusions. Le peuple, au bénéfice duquel doit s'opérer cette transformation, ne saurait la réaliser autrement que par degrés; la nature ne fait pas de sauts, l'humanité non plus.

Voilà pourquoi le dernier comme le premier mot de cette causerie sera : « Éducation ». Travaillons de toute notre force et de toute notre bonne volonté à ce que le prolétariat devienne capable et digne de remplir la place qui doit être la sienne, d'assumer les responsabilités qui vont lui incomber. L'organisation ouvrière est un des éléments indispensables de cette éducation. Vous me pardonnerez si j'ai trop brièvement résumé quelques-unes des données de ce problème, dont la solution est pour la démocratie et pour le prolétariat une question de vie ou de mort.

## UN PROGRAMME SOCIAL

*Lyon, 14 Mai 1907.*

La Section lyonnaise du Comité républicain du Commerce et de l'Industrie avait demandé à M. Millerand, qui assistait, à Lyon, au Congrès d'hygiène sociale, de venir s'entretenir avec ses membres des questions sociales et économiques soumises à l'examen du Parlement.

Dans cette conférence — que M. Millerand nomme causerie — les Retraites ouvrières, la Question syndicale, l'Organisation ouvrière (conseils du travail, règlement amiable des conflits du travail), le programme de grands travaux publics sont tour à tour passés en revue.

MESDAMES, MESSIEURS,

Lorsque la Section lyonnaise du Comité républicain du Commerce, de l'Industrie et de l'Agriculture m'a fait l'honneur de me demander de venir, ce soir, au milieu de vous, j'ai insisté pour qu'elle voulût bien donner à l'exposé que je vais vous faire, non pas le titre sous lequel votre président a bien voulu la désigner, de conférence, mais celui beaucoup plus modeste de causerie.

Et ce n'est pas sans dessein que j'avais pris ce titre; c'était à la fois une excuse et une invitation; une excuse pour la forme un peu familière de cet exposé; une invitation, parce que je voudrais que les idées que j'aurai à vous faire connaître de la façon la plus rapide et la plus claire ne donnassent pas seulement lieu à un monologue, mais que si, comme je le pense, elles soulèvent parmi vous des observations, des objections, si elles appellent des critiques, vous voulussiez bien les formuler.

Je ne connais rien de plus utile que ces échanges d'idées, sous une forme courtoise, entre gens qui s'intéressent également à des questions qui, aujourd'hui, de l'aveu de tous, ont une importance primordiale.

J'ajoute qu'en demandant à la Section lyonnaise du Comité républicain du Commerce et de l'Industrie de vouloir bien donner une telle forme à cette soirée, je continuais une tradition; car, ainsi que votre président vous l'a dit, j'ai eu le très grand honneur de présider à la naissance du Comité républicain, et c'est encore avec gratitude que je me rappelle comment, au moment où je préparais, d'accord avec le chef éminent et regretté qu'était Waldeck-Rousseau, les projets de loi dont je vais vous dire un mot, j'ai provoqué et recueilli les avis et les opinions des membres du Comité républicain du Commerce et de l'Industrie.

Aujourd'hui, plus que jamais, il est utile, indispensable, que surtout les commerçants et industriels, qui, on me l'a dit et je suis très heureux de le constater, sont très nombreux dans cette salle, étudient avec un soin tout particulier, avec le plus d'impartialité possible, et les problèmes qui sont pour eux particulièrement, si graves et les solutions qu'on leur présente.

La situation où nous nous trouvons à l'heure précise où je parle n'est pas sans provoquer chez beaucoup de bons esprits une certaine inquiétude et l'on se demande comment nous en sommes venus là, d'où est née cette situation et où nous allons.

D'où est née cette situation? Il serait trop long d'en étudier les causes; il est du moins facile de les résumer en quelques mots assez clairs pour préciser les origines du grand mouvement social qui se déroule devant nous.

Ce n'est pas en vain que, dans un pays comme le nôtre, — pour ne pas franchir les frontières, — se sont produits, depuis quelque cent ans, ces trois événements capitaux : la première République proclamant l'égalité des droits civiques; la deuxième République apportant, avec le suffrage universel, l'égalité des droits politiques; et notre République enfin, celle qui a vu le jour dans les malheurs de la Patrie, il y a trente-sept ans, faisant, par l'enseignement gratuit et obligatoire, ce qui dépendait d'elle pour mettre aux mains de chacun des citoyens, à qui les deux précédentes Républiques avaient donné d'abord l'égalité des droits civiques et politiques, le moyen, par l'instruction primaire au moins, de se rendre dignes de leurs devoirs et de leurs droits.

On n'appelle pas impunément un homme à être dans une nation le maître, pour sa part, des destinées du pays; et le mot de Laveleye est toujours profondément vrai : « Il est contradictoire que le même homme soit misérable et souverain. »

Au moment même où vous donnez à un homme le bulletin de vote et à l'instant où, par une éducation même primaire, vous l'élevez au-dessus de son travail manuel pour lui permettre d'entrevoir d'autres horizons et de songer à d'autres destinées, vous prenez vis-à-vis de lui un engagement nouveau; c'est de continuer la tâche commencée, c'est de rendre l'homme en qui vous avez créé le citoyen, dont vous avez ouvert l'esprit, élevé les facultés, capable de remplir le rôle que vous lui avez confié. (*Applaudissements.*)

Donc, il est inévitable que le progrès déjà accompli en appelle d'autres et que les travailleurs qui ont reçu de la République la dignité de citoyens, auxquels — c'est l'honneur de la troisième République — les portes de l'école ont été ouvertes toutes grandes, entendent aujourd'hui que les progrès dont ils ont bénéficié, que la dignité dont ils ont été investis, ne soient pas avilis par une situation économique qui ne leur permette pas de penser à autre chose qu'au travail quotidien accablant et déprimant. (*Applaudissements.*)

C'est là une conséquence logique, inévitable; si on la redoute, la première question qui se pose est celle de savoir si, après avoir parcouru le chemin fait depuis près de cent ans, on veut aujourd'hui, je ne dis pas s'arrêter, — un peuple ne s'arrête pas! — mais revenir en arrière.

Je ne suis pas, quant à moi, de ceux qui le veulent. J'affirme qu'on ne le peut pas. C'est un rêve irréalisable de vouloir ravir aux Français de 1907 ce que la Révolution d'abord, la République de 1848 ensuite, la troisième République enfin leur ont donné de liberté et d'émancipation. Non, on ne reviendra pas en arrière!

Ce que je veux examiner ce soir, c'est de savoir comment le progrès s'accomplira; s'il se fera dans la violence et dans la guerre, ou dans la paix et dans la concorde; s'il sera pacifique ou brutal et sanglant. Je suis pour le progrès pacifique. J'ai toujours été l'adversaire déterminé de la violence et de la guerre entre concitoyens; c'est parce que je sais que les révolutions violentes sont toujours fatalement suivies de réactions non moins violentes dont les travailleurs sont les premières victimes. C'est pourquoi je veux, ce soir, rechercher avec vous comment, dans l'intérêt du pays tout entier, cette évolution accomplie en cent ans doit aujourd'hui se continuer. (*Vifs applaudissements.*)

Le premier besoin, le plus vif peut-être que ressent un homme dès qu'il a conquis le pain du jour, c'est celui de la sécurité. Il veut que sa situation, si modeste soit-elle, que le travail qui lui est assuré aujourd'hui, ait un lendemain. La sécurité est un besoin impérieux chez tous les hommes, chez les Français peut-être plus que chez tous les autres.

Assurer l'avenir pour soi et pour les siens, conquérir la certitude qu'on ne sera pas à la merci du premier incident ou accident venu, que contre la maladie, le chômage, l'accident, la vieillesse, on aura une garantie certaine, c'est là un besoin profondément ressenti, dont la satisfaction élève au-dessus de lui-même celui qui l'éprouve.

Entre l'homme qui a la sécurité du lendemain et celui qui est la proie désignée de toutes les aventures, qui redoute tout de l'avenir, il y a un abîme ; et la plus grande garantie pour un pays, que son avenir sera pacifique, que son évolution s'accomplira dans la paix et dans le calme, c'est d'assurer à chacun de ses membres cette sécurité personnelle. Comment? Par les assurances sociales, par ce système qui, dans un certain nombre de pays, a déjà été en partie réalisé, et qui, chez nous, n'a encore atteint qu'une demi-réalisation. Je veux parler du projet sur les retraites ouvrières. Je dis une demi-réalisation, parce que, voté par la Chambre, il est soumis à l'examen du Sénat. Ce projet donne au travailleur, quel qu'il soit, la garantie que, lorsqu'il arrivera à l'âge où l'outil lui tombe des mains, lorsque la vieillesse le saisira, il aura le moyen, soit par ses propres économies, soit par le secours de la nation ajouté au produit de son épargne, de subir sans déchéance cette épreuve qu'est la vieillesse.

C'est là un progrès incontestable et d'ailleurs incontesté. On ne discute pas que la retraite, que l'assurance contre la vieillesse ne soient une nécessité. On se demande seulement si d'autres assurances n'auraient pas dû précéder celle-là, si, avant d'organiser l'assurance contre la vieillesse, il n'eût pas été préférable d'organiser l'assurance contre la maladie, contre le chômage.

Je ne prétends pas, quant à moi, que ce soit par l'assurance contre la vieillesse qu'il eût fallu commencer, je dis simplement qu'il est nécessaire, indispensable même de marcher dans cette voie et que, après l'assurance contre les accidents réalisée par la loi de 1898, c'est l'assurance contre la vieillesse qu'il est le moins difficile de réaliser. Il n'était pas permis d'hésiter, il fallait au plus tôt mettre sur le chantier et faire aboutir cette deuxième réforme.

Je n'ai pas l'intention, étant donné le chemin que j'ai à parcourir, d'entrer dans les détails de ce projet sur les retraites ouvrières. Je laisserai de côté la question de principe de l'obligation qui, à elle seule, suffirait à toute une conférence, et je me contenterai de vous résumer en quelques traits le projet des retraites, tel qu'à l'heure actuelle il est passé de la Chambre au Sénat.

Il y a dans ce projet deux grandes catégories de retraites; les retraites obligatoires, qui sont les plus nombreuses, et les retraites facultatives. Les retraites obligatoires sont constituées par tous les salariés. Chaque salarié, — au total environ douze millions de Français, — se constitue par un prélèvement de 2 p. 100 sur ses salaires, prélèvement que double un versement égal de son employeur, une retraite. Si, à l'âge de soixante ans, cette retraite n'atteint pas le chiffre de 360 francs, l'État la complète par une contribution à ce chiffre. Les ouvriers dont le salaire quotidien est inférieur à 1 fr. 50 n'ont point de versements personnels à effectuer. Leur employeur verse la contribution de 2 p. 100 et l'État, les soixante ans d'âge arrivés, complète leur retraite jusqu'à concurrence de 360 francs. Voilà pour les retraites obligatoires; mais en outre, et je réponds ainsi à un point d'interrogation très souvent posé, il y a tout un ensemble de retraites facultatives qui peuvent être constituées avec la contribution de l'État, non plus pour les salariés, non plus pour des ouvriers, mais pour les petits patrons, pour les artisans, pour les petits cultivateurs, qui n'ayant point de patrons, travaillant à leur compte et ayant d'ailleurs une situation modeste, veulent par un versement analogue à ceux que font obligatoirement les salariés se constituer à soixante ans une retraite. A ceux-là aussi, l'État assure un versement qui peut aller jusqu'à 120 francs au moment où ils atteignent les soixante ans. De telle sorte qu'étant donné les versements prévus, ils ont certainement, si leurs versements ont commencé entre vingt et vingt-cinq ans, une retraite au moins égale à 360 francs.

Ces deux catégories de retraites, ainsi déterminées par la loi, sont des retraites qui seront servies dans la période normale, c'est-à-dire quand la loi aura joué pendant une période de vingt-cinq à trente ans; mais personne ne propose d'attendre vingt-cinq à trente ans pour commencer à faire jouer une loi à raison de laquelle pendant ce temps employés et employeurs auraient versé une cotisation depuis le jour même de sa promulgation. Il s'ouvre donc deux périodes, dont l'une est ce que j'appellerai la période de liquidation, et l'autre la période de transition. Qu'est-ce que la période de liquidation ? Il y aura au moment où la loi sera promulguée, quelle que soit d'ailleurs la date, des vieillards de soixante ans et au-dessus, qui, par le fait que la loi n'aura pas encore fonctionné, n'auront pu faire de versements. On va donc les priver de retraites? Non, au moment où la loi sera promulguée, tout vieillard de soixante ans aura droit à une retraite de 120 francs. Alors aussi s'ouvre immédiatement ce que j'appelle la période transitoire. Tous ceux qui, du jour de l'application de la loi, ont de trente-cinq à cinquante-neuf ans, vont, par cinq paliers successifs, arriver à la retraite de 360 francs. Le montant de la retraite va par ces cinq paliers s'élever de 120 à 360 francs, de façon que les versements opérés par les bénéficiaires de la loi viennent chaque année grossir le chiffre de leur retraite.

Voilà, dans son ensemble, la synthèse de la loi, ou plutôt du projet de loi sur les retraites. Mais ce n'est pas seulement — et j'attire votre attention sur ce point — l'assurance-vieillesse qu'organise la loi; elle fait mieux : elle amorce l'assurance-maladie. A l'heure actuelle, les secours en cas de maladie, sont fournis par les sociétés de secours mutuels; beaucoup d'entre elles ont essayé de réaliser aussi le service de la retraite, mais dans ce domaine elles ne sont arrivées — quelque méritoires qu'aient été leurs efforts — qu'à des résultats encore insuffisants et elles sont les premières à le reconnaître. Au point de vue maladie, elles ont au contraire rendu des services énormes.

La loi sur les retraites fait deux choses: elle donne aux sociétés de secours mutuels des avantages tels qu'il y aura intérêt à s'adresser à elles pour les prendre comme intermédiaires de la retraite.

Non seulement la loi encourage les bénéficiaires des retraites à s'adresser aux sociétés de secours mutuels, mais en même temps, et c'est là l'idée d'avenir qui se trouve dans la loi, elle donne sous des formes variées des subventions aux sociétés de secours mutuels, au point de vue de leur service maladie, de telle sorte qu'on poursuit ce double résultat : d'une part organiser d'une façon complète l'assurance vieillesse et rendre préférable l'intermédiaire des sociétés de secours mutuels, et d'autre part augmenter les ressources des sociétés de secours mutuels en vue de leur service maladie.

Ainsi, comme je le disais, la loi n'est pas seulement créatrice de l'assurance-vieillesse, mais elle développe l'assurance-maladie; elle prépare le jour où, par l'intermédiaire des sociétés de secours mutuels, tous les Français pourront, de même qu'ils auront été d'abord assurés contre la vieillesse, être ensuite assurés contre la maladie. Ainsi commence et se poursuit cette grande œuvre de l'assurance sociale qui, réalisant le plan que j'indiquais tout à l'heure d'un mot, doit successivement mettre à l'abri des risques que la vie fait courir à chacun de nous tous les citoyens de France. Non pas, entendez-le bien, qu'il s'agisse de je ne sais quel Eldorado où il n'y aura plus ni vieillesse, ni maladie, ni chômage; mais parce que dans une société mieux organisée, qui saura surtout mieux aménager ses ressources, chaque citoyen se trouvera par sa contribution personnelle et par les concours de tous ses concitoyens protégé successivement contre les risques qui pèsent sur chaque être humain : maladie, accident, vieillesse, invalidité.

Voilà le plan très large, très vaste, déjà réalisé en grande partie à côté de nous par l'empire allemand, et que la démocratie française se doit à elle-même de réaliser, non seulement parce que l'humanité le commande, mais aussi — et je reviens ainsi à l'idée maîtresse de cette causerie — parce qu'il faut garantir la sécurité à chacun d'entre nous, faire que dans notre pays de France les risques de la vie soient aussi réduits que possible. C'est la besogne la plus pratique, la plus utile, la plus profitable qu'on puisse accomplir à l'heure actuelle. Mettre chaque producteur à l'abri autant que possible des risques de la vie, augmenter chez chacun le sentiment de la sécurité, décupler, centupler la force des producteurs, ce n'est pas seulement travailler à rendre l'homme meilleur parce qu'il sera plus heureux, c'est rendre la patrie plus prospère, plus riche et plus forte! (*Vifs applaudissements.*)

Voilà comment cette œuvre sociale que j'esquisse en ce moment est une œuvre patriotique au sens le plus élevé, le plus large du mot. Mais ce n'est pas assez d'avoir augmenté les forces productrices de chacun de nous, ce n'est pas assez d'avoir amélioré l'homme; une fois que vous aurez donné à l'individu une force plus considérable, une valeur plus grande, l'œuvre ne sera pas achevée : elle commencera à peine.

Cet ouvrier, cet employé a des intérêts à débattre; il doit compter avec celui qui l'emploie, comme celui qui l'emploie doit compter avec lui. Demain leurs intérêts vont se trouver en présence. Comment les uns et les autres, employeurs et employés, dont je suppose la force individuelle, la valeur propre accrue, vont-ils discuter de leurs intérêts; de quelle manière vont-ils les faire prévaloir? Eh bien, je reviens encore à ma préoccupation dominante : comment dans la paix, par des moyens légaux, dans la concorde, sans violence et sans brutalité, les uns et les autres discuteront-ils et feront-ils prévaloir ce qui est vrai, ce qui est juste?

La Révolution, entraînée par une réaction d'ailleurs très explicable contre les abus des corporations et des jurandes, a, comme dans toutes les réactions, dépassé le but : elle en était arrivée à proscrire toute entente, non seulement entre les ouvriers, mais entre les patrons. On est revenu de cette idée qui était assurément une idée fausse, justifiable par les abus antérieurs et le désir qu'on avait de les faire disparaître. Peu à peu l'idée d'association, de groupement, servie d'ailleurs par la révolution scientifique et économique qui s'accomplissait dans le monde matériel et industriel, a repris le terrain qu'elle avait perdu; et bien avant même la loi de 1884, vous avez entendu parler d'associations ouvrières, d'associations patronales qui s'étaient constituées. La première loi qui ait donné le signal de cette reprise de l'idée d'association en matière de travail est la loi de 1864, qui a reconnu le droit de coalition, non pas expressément, mais en faisant disparaître du Code pénal les articles qui punissaient les coalitions.

Après 1864 et le droit de grève une fois reconnu, il a fallu attendre 1884 pour que le même homme d'État qui devait en 1901 donner à la République la liberté d'association y préludât par la loi de 1884 sur les syndicats professionnels.

Immédiatement, malgré certaines défiances, certaines entraves, les syndicats patronaux et ouvriers se sont fondés et rapidement multipliés. Ils sont en présence. Comment va-t-on les rapprocher? Comment les associations composées chacune d'hommes qui ont des intérêts différents, je ne dis pas antagonistes — je suis convaincu qu'ils sont harmoniques quoiqu'ils paraissent au premier abord contradictoires — comment ces associations vont-elles se réunir et discuter entre elles ?

J'ai eu l'idée, en passant au ministère du Commerce, de relier les syndicats patronaux et les syndicats ouvriers, dans l'intérieur de chaque corporation, par les conseils consultatifs du travail. Qu'est-ce que cet organisme nouveau? C'est un Conseil composé en parties égales de patrons et d'ouvriers de la même profession, élus les uns par les syndicats patronaux, les autres par les syndicats ouvriers. Leur but est de causer entre eux des intérêts de la profession et des questions que la marche naturelle des choses, — incident de grève, question de tarif des douanes, lois nouvelles, — peuvent poser devant la corporation. Et laissez-moi vous dire que, si au moment où se sont élevées certaines difficultés qu'a provoquées l'application de la loi sur le repos hebdomadaire, ces Conseils consultatifs avaient existé, un grand nombre d'intéressés — du moins je le crois et ils me l'ont dit — auraient été satisfaits ; les difficultés auraient sinon disparu, tout au moins été singulièrement atténuées par le fait que les représentants qualifiés des deux parties se seraient réunis et auraient causé paisiblement d'intérêts communs. Car, — et qui le sait mieux que beaucoup de ceux qui m'écoutent, — c'est là la grosse difficulté : mettre en présence ceux qui ont à causer d'intérêts différents, arriver à rapprocher les parties et empêcher que les questions secondaires, qui sont trop souvent des questions d'amour-propre, ne rendent impossible ou du moins ne retardent indéfiniment ce contact nécessaire, indispensable des deux parties, sans lequel rien ne peut se résoudre.

Ce n'est pas au moment où le conflit est né, quand la grève est déchaînée, qu'un incident a surgi, qu'il faut penser à rapprocher les uns et les autres; il faut que ce rapprochement soit une règle, que la loi même impose aux employeurs et aux employés l'obligation de se réunir et de conférer habituellement de leurs intérêts communs. (*Applaudissements.*)

Pourquoi cette idée des conseils consultatifs du travail, qui n'ont guère été créés qu'à Paris et dans deux ou trois grands centres, n'a-t-elle pas été complètement mise en pratique? Il est né une question à laquelle on a donné beaucoup d'importance, à laquelle j'en attache beaucoup moins : elle concerne l'origine de ces conseils. J'avais pensé, je le reconnais, que ces conseils consultatifs auraient une autorité beaucoup plus grande si leurs membres respectifs, patrons et ouvriers, étaient élus par les syndicats, par les groupements déjà constitués et délibérant des intérêts de la profession, plutôt que d'être nommés au suffrage universel des patrons et des ouvriers.

Une opposition très vive a été faite sur cette question. Le Sénat a voté le projet de loi actuellement devant la Chambre, qui reconnaît les conseils consultatifs du travail, mais les fait élire par le suffrage universel des patrons et des ouvriers. Je n'ai pas changé d'avis, mais j'avoue que je considérerais comme un bienfait que, même au suffrage universel, les conseils consultatifs pussent enfin fonctionner, parce que ce serait dans chaque corporation professionnelle la première représentation corporative composée par fractions égales de représentants des deux parties intéressées. Et j'appelle, quant à moi, de tous mes vœux, le jour où nous verrons régulièrement, en dehors des cas de crises, en pleine paix économique, patrons et ouvriers obligés de se réunir pour causer ensemble de ce qui les intéresse.

Quel que soit l'avenir réservé à ce premier moyen auquel, pour ma part, je ne renonce en aucune manière, il en est un second que j'estime non moins important et qui consiste à organiser la classe ouvrière dans l'usine même. Je veux parler du projet de loi qu'avec Waldeck-Rousseau j'ai déposé sous le nom de règlement amiable des conflits du travail, et qu'on a appelé, improprement du reste : « Projet de loi sur la grève obligatoire ». C'est si peu un projet sur la grève obligatoire, que son but certain — j'espère vous le démontrer rapidement — serait de rendre la grève à peu près impossible. Rendre la grève presque impossible, je ne m'en cache pas, c'est en effet l'idée qui me guide.

Je suis de ceux qui pensent que le droit de grève ne saurait être reconnu aux fonctionnaires, mais je trouve assez bizarre le langage de ceux qui, estimant la grève détestable pour l'État, la trouvent très acceptable pour l'industrie privée. (*Applaudissements.*) Je crois que la grève ne peut pas même être envisagée en ce qui concerne les fonctionnaires. Il est absolument inadmissible qu'on permette, même pour la défense d'intérêts légitimes, à ceux qui, à un titre quelconque, sont au service du pays, d'interrompre un service public.

Mais il n'y a pas que l'interruption d'un service public qui trouble le pays. Quand pendant des mois la grève sévit à Marseille, le pays tout entier est troublé; tout ce qu'elle fait perdre aux ouvriers et aux patrons constitue un mal, — moins considérable peut-être que l'interruption pendant le même temps du service des postes ou que la fermeture des écoles, — mais qui n'en est pas moins un mal national. Seulement, si, en général, les patrons, les employeurs, concèdent assez volontiers que la grève n'est pas un bien, quand on en arrive à la discussion des moyens, ils sont généralement moins accommodants. Cependant, je les prie de vouloir bien réfléchir à une chose : quel est à l'heure actuelle le seul moyen à la portée des ouvriers pour faire prévaloir leurs droits? C'est la grève. Il n'y en a pas d'autre; et si je m'en déclare adversaire, c'est parce que je suis contre la guerre, aussi bien entre les citoyens d'un même pays qu'entre les peuples.

On supprimera la guerre entre les peuples quand on pourra faire fonctionner l'arbitrage international d'une façon efficace; mais jusque-là il faudra bien considérer le recours à la force, si détestable soit-il, comme le dernier moyen qui reste à un peuple menacé dans son indépendance pour faire respecter ses droits. La situation est la même dans l'industrie. Si vous ne consentez pas à procurer aux employés un moyen pacifique de faire triompher leurs revendications, vous n'avez pas le droit de leur contester l'exercice de la grève, c'est-à-dire le recours à la guerre. Par conséquent, si vous admettez avec moi que la grève est déplorable, aussi fatale aux ouvriers qu'aux patrons, soyez aussi d'accord avec moi pour reconnaître qu'il ne pourra être question, je ne dis pas de supprimer, mais seulement de restreindre l'exercice du droit de grève, que le jour où les employés et les ouvriers tiendront de la loi le moyen sûr de faire valoir les desiderata qu'ils ont à présenter. (*Vifs applaudissements.*)

Qu'est-ce que le projet sur le règlement amiable des conflits du travail? C'est dans chaque usine — le projet ne prévoit cette organisation que dans des usines comptant au moins 50 ouvriers — l'organisation du personnel, qui nommera, avec toutes les garanties de liberté et de secret qui doivent, surtout en pareilles circonstances, accompagner toute manifestation électorale, des délégués dont la seule mission sera d'entrer en relations périodiques avec l'employeur ou son représentant. Du seul fait que dans chaque usine vous aurez ainsi constitué les ouvriers en un corps organisé, ayant ses délégués chargés de présenter, de défendre leurs réclamations légitimes ou non, résultera fatalement cette conséquence, que la grève, c'est-à-dire la cessation brutale du travail parce qu'une revendication n'a pas été examinée, disparaît. Et pourquoi? Mais parce que le jour où les réclamations ouvrières seront, d'une manière périodique et habituelle, présentées aux employeurs, qu'elles soient relatives aux salaires, à la discipline, aux conditions de travail, elles ne seront plus, comme à l'heure actuelle, l'origine des grèves, origine, vous le savez bien, qu'on ne connaît parfois qu'après la grève déclarée.

Dans la plupart des cas de cessation de travail, les revendications ne précèdent pas la grève.

Il y a des plaintes sans doute sous le calme apparent; à la sortie les réclamations circulent, mais aucune n'a été formulée, et un beau matin les ouvriers ne se présentent pas à l'usine.

C'est le lendemain ou plusieurs jours après que les revendications sont formulées et présentées. Quand je demande qu'un pareil état de choses cesse et que les revendications, quelles qu'elles soient, soient d'abord exposées pour pouvoir être discutées, je me heurte à deux arguments. Du côté des ouvriers, on me dit : « Vous désarmez la classe ouvrière. A l'heure actuelle, ce qui fait sa force, c'est la brutalité, l'imprévu, la violence de la grève; vous voulez nous amener au parlementarisme, nous obliger à discuter d'abord; mais les patrons auront le temps de prendre leurs précautions et nous aurons perdu la moitié, les trois quarts des avantages que nous donne la soudaineté de la grève. » Je réponds aux ouvriers : « Oui, j'enlève à la grève sa brutalité et sa violence, parce que je suis convaincu que s'il y a brutalité et violence, c'est qu'on n'a pas encore trouvé le mode régulier et ordonné qui précisément permettra à la classe ouvrière de présenter et de faire aboutir pacifiquement ses revendications. » (*Vifs applaudissements.*)

Mais ce n'est pas seulement les ouvriers qui me font des objections. De l'autre côté, les patrons me disent : « Mais à quoi pensez-vous, avocat que vous êtes, vous n'avez jamais dirigé une entreprise industrielle ou commerciale; est-ce que charbonnier n'est pas maître chez lui? Comment, vous allez permettre à des ouvriers de venir discuter avec moi, qui les paie de mon argent! C'est la perte de ma maison. Vous allez leur permettre de venir discuter avec moi sur la meilleure manière de la diriger! Vous allez, chez moi, en face de mon autorité, en installer une autre, m'imposer en permanence un petit Parlement? » C'est vrai, je veux substituer dans l'usine comme dans l'État, dans le régime économique comme dans le régime politique, la monarchie constitutionnelle à l'absolutisme du patron. Pourquoi? Parce que, tant qu'on ne l'aura pas fait, l'absolutisme patronal sera, comme l'autre, tempéré non pas par l'assassinat, mais par la violence, par les à-coups de grèves apportant une perturbation brutale dans l'industrie et lui faisant subir les plus graves préjudices. Oui, il est indispensable que le patron discute avec ses employés. Est-ce qu'il existe une maison, à l'heure actuelle, où un patron puisse conserver l'illusion qu'il fera ce qu'il voudra, qu'il refusera à ses ouvriers de mettre en discussion les questions de travail, de salaires. Si, hélas! cette illusion persiste encore chez quelques-uns, elle ne durera pas longtemps; car s'ils n'ont pas encore été instruits par l'exemple offert à leurs yeux, le jour viendra où, eux aussi, ils se trouveront en face de l'atelier déserté, de la grève; et ce jour-là il faudra bien qu'ils discutent.

Cette discussion, dans quelles conditions y viendront-ils? Ils y viendront sans règles, sans lois, au hasard des circonstances, après une période d'attente et de tâtonnement qui aura fait perdre des salaires à leurs ouvriers et des bénéfices à leur maison. Eh bien, c'est de cet état chaotique que je veux de toutes mes forces contribuer à faire sortir l'industrie française; il faut qu'elle en sorte; elle ne peut pas y demeurer.

Et puis, croyez-vous que vous entraverez, que vous arrêterez le mouvement d'organisation ouvrière? C'est être aveugle que de le croire. Vous ne l'empêcherez pas. Toute la question est de savoir si ce mouvement s'accomplira dans la paix, par la loi, ou si vous le laisserez se faire contre vous, au milieu des pires convulsions. Aussi bien, j'ai entendu des critiques adressées aux détails de ce projet. Des épigrammes, des sarcasmes ont été dirigés contre l'idée de faire voter des ouvriers sur la question de savoir si l'on cessera ou non le travail. Il y a une question que je pose depuis sept ans et à laquelle j'attends toujours une réponse : « Oui ou non, la situation actuelle est-elle tolérable? Oui ou non, croyez-vous qu'on puisse sans péril maintenir l'état présent, je ne dis pas d'organisation, mais de désorganisation ? Si vous êtes convaincu du contraire, et vous l'êtes tous, car il n'y a pas de grève qui ne soit l'occasion légitime des réclamations les plus vives du monde patronal, repoussez le projet, mais apportez-nous quelque chose, faites-nous des propositions, dites-nous vos idées. » S'il n'y en a pas d'autre que celle de l'organisation légale et régulière de la classe ouvrière dans l'usine même, que celle de la discussion loyale, paisible, pacifique entre patrons et délégués de ces ouvriers réunis préalablement, si en dehors de cela vous ne trouvez rien qui puisse vous tirer de l'état chaotique où vous vous débattez, alors j'ai bien le droit de conclure : Critiquez mon projet, améliorez-le, mais ne dites pas : « Nous n'en voulons pas. » Ce n'est pas une solution, et il en faut une à l'industrie française. (*Vifs applaudissements.*)

J'ai très rapidement esquissé devant vous les idées essentielles qui me paraissent devoir présider à l'organisation de la classe ouvrière, aussi nécessaire pour elle que pour l'Industrie et le Commerce. Je voudrais ajouter un mot. Ce n'est pas la première fois que je le remarque et, plus je vais, plus j'en suis profondément convaincu : toute politique sociale, celle dont je viens d'indiquer les très grandes lignes comme toute autre, réclame pour être appliquée une condition première : un pays ne peut pas faire de réformes sociales s'il n'est pas d'abord prospère et riche. Pour exiger de l'Industrie et du Commerce la part légitime que les employeurs doivent sur leurs bénéfices à leurs employés, il faut d'abord que l'État fasse tout ce qui dépend de lui pour maintenir et accroître ces bénéfices. On peut bien demander à une industrie prospère d'associer à ses bénéfices ses collaborateurs par des réformes de plus en plus profondes. On ne peut le demander à une industrie qui périclite.

Donc, la première condition de toute politique sociale, c'est qu'elle soit accompagnée d'une politique économique qui développe de la façon la plus complète tous les moyens de production du pays. Je suis quant à moi si pénétré de cette idée qu'au ministère du Commerce, au moment même où j'ébauchais le projet dont je viens de vous parler, je réunissais le Conseil supérieur du Commerce et de l'Industrie et je lui demandais d'élaborer un programme de travaux publics qui a reçu ultérieurement la signature de M. Baudin et que nous avons présenté au Parlement.

Quel est le but de ce projet qu'il ne faut pas seulement maintenir, mais reprendre et compléter? c'est de développer tous les moyens de transport actuellement existants dans notre pays.

On se plaint, — je le sais mieux que personne, ayant eu comme ministre et comme président d'une Commission parlementaire à collaborer à deux lois sur la marine marchande, — on s'est plaint avec raison de la décadence — le mot n'est pas trop fort — de notre marine marchande. Mais cette décadence n'est pas seulement due à l'état particulier et propre de notre marine marchande; elle est un résultat corrélatif de la prospérité de la marine marchande des pays voisins.

Pourquoi le port de Hambourg offre-t-il à ceux qui le visitent un spectable admirable, et pour nous un peu angoissant, de prospérité, de vitalité extraordinaires?

C'est que là se trouvent réunies et groupées toutes les conditions nécessaires pour donner à un grand port la vie et la richesse. Ce n'est pas seulement l'autonomie du port, je veux dire le droit réclamé avec tant de raisons par nos grands ports et qui doit permettre aux quatre cinquièmes de ces ports bien choisis de se développer eux-mêmes, par leurs propres ressources; c'est aussi qu'en même temps que cette autonomie, au sortir du port franc de Hambourg, on voit tout ce qui représente la vie de la marine marchande: le frêt lourd arrive à Hambourg par tout un réseau admirable de voies navigables. Cet exemple nous enseigne qu'il faut, si nous voulons obtenir les mêmes résultats, employer les mêmes moyens.

Nous avons en France une situation merveilleuse: des ports vers lesquels il faut diriger les voies navigables pour leur donner immédiatement les moyens non seulement de maintenir leur situation, mais de grandir dans des proportions vertigineuses. Le jour où vous aurez fait les routes navigables qui vous permettront de mettre à profit votre situation privilégiée, ce jour-là, vous aurez donné au commerce et à l'industrie de ce pays un rang incomparable. Il est temps de le faire. A côté de nous on déploie une activité extraordinaire, on perce le Simplon, on ouvre des voies nouvelles. Gênes multiplie ses transactions et sa concurrence contre Marseille grandit à chaque heure. Il est temps de lutter.

Si je parle ainsi, c'est que, profondément attaché à cette politique de réformes sociales dont je vous ai entretenu, je suis convaincu qu'elle est une nécessité, mais qu'elle ne se fera pas si la prospérité de ce pays ne suit pas la même marche, si la politique économique et la politique sociale ne marchent pas du même pas. (*Applaudissements.*)

Voilà les quelques idées que je voulais ce soir vous indiquer ; et s'il m'était permis de résumer toute cette politique sociale, je le ferais en trois mots : Paix, Travail, Union. (*Salves répétées d'applaudissements.*)

## PRÉSIDENCE DE LA COMMISSION DU TRAVAIL

*Novembre 1906.*

Au début de la législature 1906-1910, la Chambre nomma ses grandes commissions.

Les travaux et la compétence de M. Millerand en matière de législation sociale le désignaient au choix de ses collègues pour la présidence de la Commission du travail. Il fut élu à l'unanimité.

En ouvrant la première séance de la commission, il prononça l'allocution suivante :

Au nom de votre bureau et au mien, je vous exprime notre vive gratitude.

Je sens profondément pour ma part l'honneur que vous m'avez fait en me confiant, parmi tant de collègues dignes de votre choix, le soin de diriger vos délibérations.

Notre tâche, Messieurs, est belle et malaisée. Nombreux et graves sont les projets et les propositions dont, dès à présent, vous vous trouvez saisis.

Pour répondre à la confiance de la Chambre et à l'attente du pays, il nous faudra, avec une grande bonne volonté et un labeur persévérant, beaucoup d'ordre, une méthode rigoureuse et la vue claire du but à atteindre.

Aux travailleurs, dotés par la République du bagage des connaissances élémentaires et de la jouissance des libertés politiques nécessaires, nous devons une capacité économique élargie, une participation plus intime et mieux réglée à l'organisation de la production, des garanties nouvelles de sécurité et de bien-être.

En augmentant leurs droits, nous accroissons — pour le bien commun — leurs devoirs et leurs responsabilités. Au fur et à mesure que le Parlement et le Gouvernement républicains leur font davantage confiance, les travailleurs se rendent plus nettement compte que les procédés de violence et de désordre, loin de les en rapprocher, les éloigneraient de la société d'ordre, de justice, de liberté et de lumière vers laquelle nous tendons.

Artisans de la richesse générale, collaborateurs solidaires de la prospérité nationale d'où dépend l'amélioration de leur propre sort, les travailleurs des campagnes comme des villes ont sur la République une créance faite d'un long passé d'oppression et de misère.

Dans un admirable élan de foi démocratique, ils viennent de lui ouvrir un nouvel et large crédit. Nous ne tromperons pas leurs légitimes espérances.

IV

# LE CHOMAGE

*Chambre des Députés, 30 Novembre 1904.*

M. Vaillant avait adressé une interpellation à M. Trouillot, ministre du Commerce, sur la question du chômage.

L'interpellateur, au cours de ses développements, avait fait allusion à la proposition de loi déposée par M. Millerand au nom de la Commission d'assurance et de prévoyance qu'il présidait, tendant à allouer une subvention de 100.000 francs aux caisses de secours contre le chômage involontaire.

En 1900, M. Millerand, alors ministre du Commerce, répondant à l'honorable M. Vaillant sur cette même question, avait annoncé, à la fin de ses explications, qu'une enquête avait été ordonnée par lui sur les organisations syndicale et municipale de chômage.

Le Conseil supérieur du travail avait été saisi du résultat de cette enquête, et dans sa session de 1903 il émettait des vœux sur cette question. Ce sont ces

12.

vœux que M. Millerand demandait à la Chambre de réaliser.

La constitution d'une Caisse nationale contre le chômage ne paraissait pas possible à l'ancien ministre du Commerce, au moment où la loi des Retraites allait imposer à l'État des sacrifices assez considérables. Le système de Gand, auquel s'était rallié le Conseil supérieur du Travail, lui semblait plus pratique. Il consiste à faire subventionner par les communes et l'État les Caisses de chômage déjà existantes ou qui se formeront ultérieurement.

C'est le principe appliqué aux sociétés de secours mutuels. La subvention de l'État ou de la commune étant proportionnelle à l'effort fait par les intéressés, les abus sont par là même évités.

Résumant ce qu'avait fait depuis 1902 la Commission d'assurance et de prévoyance sociales, M. Millerand rappela qu'elle avait obtenu le vote de la loi sur l'assistance obligatoire et que le projet de loi des Retraites serait apporté à la Chambre dans un bref délai.

Exposant encore une fois sa méthode, il mit en lumière l'excellence de la politique qui consiste, en oursuivant l'organisation et l'éducation de la masse vrière, à détourner les travailleurs des agitations erbales pour les diriger vers des réalisations.

M. Millerand, *président de la Commission d'assurance et de prévoyance sociales.* — Je demande à la Chambre la permission de saisir l'occasion toute naturelle que m'offre l'interpellation de l'honorable M. Vaillant pour m'expliquer sur les résolutions auxquelles a été amenée la Commission d'assurance et de prévoyance sociales, dans l'examen qu'elle a fait des propositions de loi sur le chômage, et pour justifier en quelques mots, après d'ailleurs M. le ministre du Commerce, les propositions que la Commission du budget et que moi-même nous vous demanderons de consacrer et dans le budget et dans la loi de finances.

Votre commission, messieurs, n'avait pas à rechercher — le problème dépassait de beaucoup sa compétence — quelles étaient les causes du chômage. L'honorable M. Vaillant a jeté un coup d'œil sur ce problème extrêmement complexe, qu'on ne peut guère instruire sans faire le procès même du régime actuel.

Je ne m'y arrêterai pas. Je ne m'arrêterai même pas à examiner tous les remèdes qui pourraient être proposés à un mal si profond et si cruel.

Je vous demande seulement d'écarter tout de suite, comme un expédient qui a parfois été utile, mais auquel il faut conserver son caractère d'expédient pour ne pas se laisser leurrer par une illusion décevante, les travaux de secours contre le chômage.

A certains moments ces travaux ont pu offrir une utilité certaine. Personne, et l'honorable M. Vaillant tout le premier, ne pense que ce soit là un remède normal et efficace contre le mal du chômage.

M. Fernand Engerand. — C'est un palliatif!

M. Millerand. — C'est un palliatif très souvent insuffisant.

Au contraire, la création soit d'une caisse nationale contre le chômage, soit même de subventions régulières et organisées aux caisses de chômage, offre un remède beaucoup plus efficace, et je ne partage pas l'opinion de l'honorable M. Vaillant lorsqu'il a dit que ce n'était là aussi qu'un palliatif. Je crois que c'est plus et mieux; je crois que la proposition que nous vous apportons, et sur laquelle je vous demanderai, messieurs, la permission de m'expliquer en quelques mots, est tout au moins une préface nécessaire à l'organisation d'une assurance qui, je l'indiquerai, ne saurait utilement être en ce moment mise à l'étude.

Deux catégories de propositions s'offraient à votre commission. La première comprenait les propositions de MM. Jules Coutant et Colliard et ne visait à rien moins qu'à la création d'une Caisse nationale contre le chômage.

Jusqu'à présent on ne connaît qu'une expérience d'assurance nationale contre le chômage; elle a eu lieu à Saint-Gall et elle n'a pas été heureuse. Je ne suis pas de ceux qui entendent tirer d'une expérience aussi réduite, faite d'ailleurs dans des conditions qui prêtent beaucoup à discussion, une conclusion contre le principe même. Votre commission a eu soin de marquer qu'il n'y avait aucun préjugé à tirer de la résolution par laquelle elle repoussait ces propositions. Elle les a écartées par une raison de circonstance, d'opportunité, pour dire le mot, qui s'imposait à elle comme elle s'impose à vous, comme elle s'était imposée avant nous au Conseil supérieur du travail.

Ce n'est pas, en effet, au moment où vous allez aborder l'examen de la création d'une Caisse nationale des retraites d'invalidité et de vieillesse qu'on pourrait sérieusement, en même temps, examiner le projet de création d'une Caisse nationale d'assurance contre le chômage.

Cette seconde caisse, d'après des calculs très modérés et très sérieux qui ont été faits entre autres par l'honorable M. Fagnot, enquêteur de l'Office du travail, coûterait à l'État — pour ne parler que de lui — 18 millions par an. Ce n'est pas, je le répète, en ce moment, un projet qu'on puisse sérieusement aborder. (*Très bien! très bien! sur divers bancs.*) C'est pourquoi votre commission l'a écarté, comme l'avait écarté le Conseil supérieur du travail aux travaux duquel j'arrive maintenant, car ils ont été la base des propositions que nous avons adoptées et que nous vous proposons de concréter dans un chapitre du budget du ministère du Commerce et dans un article de la loi des finances. Ces propositions — la première de MM. Chaumet, Dormoy et Siegfried; la seconde de M. Dubief — n'ont en effet d'autre but que de réaliser les vœux que, dans la session de 1903, le Conseil supérieur du travail a adoptés sur la question du chômage. Ils se résument en un mot : c'est l'adoption du système de Gand pour notre pays.

Qu'est-ce donc, messieurs, que le système de Gand? Je vous demande la permission, pour le définir, de vous lire le passage dans lequel votre rapporteur a essayé de rassembler les quelques traits essentiels de ce système :

« Il est créé un fonds destiné à subventionner les caisses de chômage fondées et administrées par les sociétés et syndicats ouvriers. Un comité de dix membres, délégués par l'administration communale, dont cinq membres des associations, est chargé de l'administration. Le fonds communal majore les indemnités de chômage. Le taux des majorations est fixé à l'avance par le comité. Il est revisable. Si l'indemnité quotidienne est supérieure à 1 franc, elle n'est majorée que jusqu'à concurrence de 1 franc. En aucun cas, la majoration n'est payée à un indemnitaire plus de cinquante jours par an. Il est procédé à des vérifications en vue desquelles les associations ouvrières remettent le bilan mensuel des indemnités payées. Une caisse d'épargne spéciale est ouverte aux ouvriers non syndiqués : les retraits qu'ils opèrent en cas de chômage majorent donc le fonds communal. »

Toute la philosophie de ce système, son principe essentiel est le suivant : proportionner les subventions de l'État à l'effort de l'initiative privée. (*Très bien! très bien!*) Au fur et à mesure que des associations font un effort pour prévenir le chômage ou pour en atténuer les rigueurs, et dans la mesure de cet effort, la municipalité, à Gand, — l'État, dans notre système, — vient au secours de ces sociétés. C'est là, messieurs, dans un autre ordre d'idées, le principe même qui préside chez nous à l'organisation de la mutualité. (*C'est cela! Très bien!*) C'est l'appui donné par l'État à la prévoyance privée. Je ne crois pas que contre ce principe puisse s'élever aucune espèce d'objection.

J'ajoute que les abus qu'on pourrait craindre sont écartés par ce fait que chaque société, chaque syndicat, chaque association de secours contre le chômage est personnellement intéressé à ce que les secours de chômage n'aillent pas à qui n'en a pas besoin, puisque ces secours sont payés d'abord par la cotisation de ses membres et que l'État ou la commune ne fait que compléter le sacrifice consenti par les membres de la société.

Quelle est en France, à l'heure où je parle, la situation au point de vue des caisses de chômage? Il y a une trentaine de mille ouvriers qui fon partie de caisses de chômage. Il y a 312 caisses de chômage. On peut dire qu'il n'existe pas de caisses patronales : on n'en compte que 2. La vérité, c'est que toutes les caisses ou à peu près sont des caisses de syndicats ouvriers — 307 sur 312. — 148 de ces caisses sont des caisses isolées; 162 dépendent d'une fédération qui, à tous les points de vue, donne à la classe ouvrière les exemples les plus utiles et les plus féconds : je veux parler de la fédération du Livre. Cette fédération du Livre, qui comprend plus de 10.000 membres, a, éparses sur tout le territoire du pays, 162 caisses qui fonctionnent à l'heure actuelle dans les conditions les meilleures.

Il n'est pas douteux — la fédération du Livre en fournit un exemple topique — que la fédération, l'union des caisses associées, est un système de beaucoup préférable à la caisse isolée. C'est pourquoi une des conclusions du Conseil supérieur du travail, qui, je n'en doute pas, sera introduite dans le décret dont nous a parlé M. le ministre du Commerce, est que la subvention de l'État soit plus élevée pour les fédérations que pour les syndicats, parce que l'effort de la fédération est plus utile que celui de la caisse isolée.

Une autre conclusion sur laquelle il faut insister, c'est que la comptabilité de chacune des associations relatives au chômage soit absolument distincte et qu'il soit permis de la contrôler. C'est le secours au chômage que l'État entend subventionner, ce n'est aucune autre œuvre.

J'ajoute, messieurs, que nous avons la préoccupation que les secours de l'État n'aillent pas seulement aux syndicats ouvriers, encore que tout naturellement ce soient les syndicats ouvriers qui doivent généralement organiser les caisses de chômage. Mais nous avons voulu que là où, pour une raison quelconque, des ouvriers non syndiqués croiraient ou devoir s'associer entre membres de différents métiers, ou constituer dans une société de secours mutuels un service particulier du chômage, ces sociétés, elles aussi, aient droit, au même titre que les syndicats ouvriers et sous les mêmes conditions, aux mêmes secours de l'État. (*Très bien! très bien! sur divers bancs.*) Nous l'avons dit expressément, et il n'est pas douteux que le décret consacre cette conclusion.

Voilà, messieurs, esquissés à grands traits, les caractères de la solution que nous vous offrons. Elle n'est assurément que transitoire, et elle présente une lacune sur laquelle je me permets d'insister à la tribune comme je l'ai fait dans mon rapport.

Il est évident que ce n'est pas un système complet d'assurance contre le chômage que celui qui laisse le patronat complètement en dehors de cette organisation. C'est un système d'autant moins complet qu'actuellement — il faut s'en louer, et je m'en félicite pour ma part hautement au point de vue de nos intérêts nationaux — les grandes industries s'organisent de plus en plus. On en voit, comme par exemple l'industrie cotonnière, adopter dans un congrès récent ce principe tout à fait nouveau, tout à fait intéressant, — dont je n'ai pas besoin de souligner l'importance, — que pour éviter la surproduction à un moment donné, l'industrie tout entière peut décider l'arrêt du travail dans les établissements.

Certes, il est excellent, au point de vue de la marche et de la stabilité de la production, qu'entre les patrons d'une même industrie s'établisse ainsi une entente qui leur permette de mesurer leurs efforts et de prendre des décisions communes pour pouvoir concurrencer plus utilement leurs rivaux étrangers. Mais qui ne voit que si des décisions de ce genre peuvent être prises par l'ensemble d'une industrie, à côté des patrons il y a les ouvriers qui, tout d'un coup, par une mesure peut-être utile au point de vue général, mais prise en dehors d'eux vont se voir privés de travail?

Il est impossible que, sous une forme ou sous une autre, les patrons de ces industries ne prévoient pas, en de tels cas, des mesures en faveur de leurs ouvriers et employés. Le projet que nous vous apportons — et que, je n'en doute pas, le Parlement n'hésitera pas à adopter — a surtout cet effet d'attirer l'attention de tous les intéressés sur la gravité du problème du chômage en même temps que d'apporter un commencement de remède à ce mal. (*Très bien! très bien! sur divers bancs.*)

Ce n'est, à coup sûr, qu'une solution transitoire, mais c'est une solution transitoire qui ne compromet rien, qui aide l'initiative privée, qui encourage les associations ouvrières, et qui permet à ceux qui, dès à présent, comme la fédération du Livre, comme la fédération des mécaniciens et comme beaucoup de syndicats particuliers, ont fait un effort, de trouver auprès de l'État le concours qui leur est dû. Je dis « auprès de l'État », parce que notre proposition ne vise que les subventions de l'État; mais bien entendu les municipalités, les départements, doivent, eux aussi, apporter à l'effort consenti par les sociétés particulières un appui indispensable; un petit nombre de municipalités ont déjà commencé : Dijon, Limoges, Lyon, et je crois que la ville de Paris va sous peu les imiter. J'espère que cette initiative sera bientôt suivie et que notre projet aura aussi cet effet excellent d'encourager les municipalités à suivre sur ce point l'exemple que leur donne l'État.

Comment se concrètent les propositions de votre commission? Je vous l'ai dit, en un chapitre du budget et un article de la loi de finances. Le chapitre du budget est le chapitre 24 *bis* : « Subventions aux caisses de secours contre le chômage involontaire, 100.000 francs ».

Je propose en outre un amendement à la loi

de finances, dont une partie est déjà visée dans la lettre que vous a lue M. le ministre du Commerce ; j'y ajoute une seconde partie dont l'utilité vous apparaîtra à la lecture.

Voici le texte de cet amendement :

« Un décret rendu sur la proposition des ministres du Commerce et des Finances, réglera la répartition des fonds alloués pour subventions aux caisses de secours contre le chômage involontaire... »

C'est la même idée, et presque la même rédaction que celle de l'article que vous lisait tout à l'heure M. le ministre du Commerce. Il est bien entendu que dans la pensée de la commission, comme dans celle du ministre du Commerce, ce règlement sera fait d'après les principes du système de Gand et les vœux du Conseil supérieur du travail. (*M. le ministre du Commerce et de l'Industrie fait un signe d'assentiment.*)

J'enregistre l'adhésion de M. le ministre du Commerce à cette première disposition, la seule qui figure dans la lettre de M. le ministre des Finances. Je propose à la Chambre d'en ajouter une seconde, dont l'utilité n'a pas besoin d'être soulignée ; c'est la suivante : « Un rapport annuel du ministre du Commerce au Président de la République, inséré au *Journal officiel*, rendra compte du fonctionnement du service et de la répartition du crédit. » (*Très bien! très bien!*)

Messieurs, ce n'est pas seulement là un renseignement indispensable que nous voulons donner au Parlement et au public ; c'est, j'ose le dire, une arme contre des sollicitations indiscrètes, que nous mettons entre les mains du ministre du Commerce. (*Très bien! très bien!*)

Il est indispensable, si l'on veut que l'œuvre que nous entreprenons vive et devienne florissante, que toutes les sociétés aient un droit égal, dans les mêmes conditions, au crédit de l'État et qu'il ne puisse sous aucun prétexte y avoir aucune faveur pour personne. (*Applaudissements sur un grand nombre de bancs.*)

C'est dans ces conditions que nous vous soumettons nos propositions. Avec un crédit modique, par des dispositions modestes, vous jetez, je crois, les assises d'une grande œuvre.

En vous apportant ces propositions contre le chômage, votre Commission d'assurance et de prévoyance sociales poursuit et vous demande de poursuivre avec elle, avec méthode, et ténacité, le plan qu'elle s'est tracé, c'est-à-dire la lutte contre ce mal, l'un des plus cruels qui pèsent sur les hommes : l'insécurité. Pour atteindre ce but, elle vous a présenté les dispositions dont je viens trop longuement de vous expliquer la substance.

*Sur divers bancs.* — Non! non! C'est très intéressant.

M. Millerand. — Elle a obtenu de vous, il y

a un an, le vote de la loi sur l'assistance obligatoire qui est en ce moment en suspens devant le Sénat. Elle vous apportera demain le projet de loi sur les retraites ouvrières. (*Applaudissements.*)

Mais en même temps qu'elle s'oriente vers ce but, elle en vise un autre, qui n'est pas moins important à mes yeux pour les destinées de ce pays. Loin d'endormir, comme nous en accusent des critiques plus ardents que réfléchis, les énergies ouvrières, nous les éveillons, nous les stimulons (*Très bien! très bien!*); mais, — c'est là ce qu'on ne nous pardonne pas, — nous travaillons à les détourner des agitations verbales et vaines (*Vifs applaudissements sur un grand nombre de bancs*), pour les orienter vers les besognes de réalité et de paix.

Nous voulons habituer les syndicats ouvriers à travailler au grand jour, à mériter le concours des pouvoirs publics par l'utilité de leur propre effort. (*Très bien! très bien!*) En agissant ainsi, nous croyons coopérer à une œuvre qui, dans une démocratie comme la nôtre, mérite plus qu'aucune autre de solliciter le cœur et l'esprit de tous les hommes politiques dignes de ce nom : l'organisation, l'éducation des masses populaires. (*Vifs applaudissements sur un grand nombre de bancs.*)

V

# L'ASSISTANCE OBLIGATOIRE

*Chambre des Députés*, 12 *Juin* 1903.

M. Aynard, dans un discours très brillant, avait demandé au ministre des Finances d'indiquer des évaluations sur le coût de la loi.

M. Millerand, en l'absence du ministre, répondit à M. Aynard que les bases de l'évaluation sollicitée avaient non seulement été communiquées à la Chambre, mais que le commissaire du Gouvernement, représentant le ministère des Finances, avait indiqué en outre les chiffres et les prévisions des services compétents.

Accepter la proposition de M. Aynard, c'était retarder le vote de la loi qui, suivant l'expression de M. Millerand, était « une des œuvres les plus considérables que la troisième République eût encore accomplies, parce qu'elle fondait le droit à la vie pour tous les citoyens ».

La Chambre repoussa la proposition d'ajournement de M. Aynard.

M. LE PRÉSIDENT DE LA COMMISSION. — Je m'excuse auprès de la Chambre de monter à la tribune pour répondre, à cette heure, à l'honorable M. Aynard; mais la rentrée qu'il a faite, avec son talent et son autorité habituels, dans ce débat, oblige la Commission à lui répondre brièvement.

Si je l'ai bien compris, M. Aynard est venu à la tribune pour demander que M. le ministre des Finances soit entendu.

M. AYNARD. — Parfaitement.

M. LE PRÉSIDENT DE LA COMMISSION. — Dans quel but? Ce n'est pas, à coup sûr, pour apporter à la Chambre une évaluation de ce que la loi coûtera, car les bases de cette évaluation ne sont point au ministère des Finances : elles sont au ministère de l'Intérieur et, pour partie, à la direction du Travail.

La Chambre a sous les yeux les bases de cette évaluation. Elles ont été discutées par M. le rapporteur, et M. le commissaire du Gouvernement a indiqué quels étaient, suivant les services compétents, les chiffres sur lesquels des prévisions peuvent s'appuyer. (*Très bien! très bien!*) M. le ministre des Finances serait, à ce point de vue, impuissant à apporter à la Chambre d'autres renseignements.

Qu'attend-on de M. le ministre des Finances? Personne ne se fait d'illusions sur ce point : on attend de lui la parole qui permettrait à certains membres de cette Chambre de dire que des raisons financières les empêchent de voter la loi. (*Applaudissements à gauche et à l'extrême gauche.*)

Qu'il me soit permis de répondre à M. Aynard que cette parole, ce n'est pas M. le ministre des Finances seul qui pourrait la dire; lorsqu'une question de cette gravité se pose devant le Parlement, c'est le Gouvernement qui doit répondre, et j'ajoute : c'est le Gouvernement qui a répondu. Nous avons demandé à M. le président du Conseil l'avis du Gouvernement, et, naturellement, les deux questions qui se posaient devant le Gouvernement sont les deux questions qui se sont posées devant la Commission et qui se posent devant la Chambre.

Ce sont les suivantes :

D'abord, est-il temps que la République réalise la promesse que, depuis si longtemps, elle a faite à ce pays de créer enfin une assistance publique digne de ce nom? (*Applaudissements à gauche et à l'extrême gauche.*)

En second lieu, l'état des finances de la République lui permet-il d'entreprendre cette œuvre?

Cette double question, nous l'avons posée au Gouvernement; il y a répondu, et, s'il nous avait dit ou qu'il ne croyait pas l'heure venue d'entreprendre cette œuvre, ou que l'état des finances de la République ne permettait pas qu'on y songeât, nous nous serions abstenus, car nous n'avons jamais pensé qu'une commission dût apporter à la Chambre une œuvre de cette importance sans être appuyée par le Gouvernement. C'est avec le Gouvernement, d'accord avec lui sur tous les points, que nous sommes venus devant vous.

La Chambre sait aujourd'hui la double réponse qui a été faite à cette double question. Elle tient dans ce fait que le projet en discussion a été délibéré et arrêté, de la première à la dernière ligne, d'accord entre la Commission et le Gouvernement.

Mais j'entends bien, messieurs, que c'est une œuvre profonde et nouvelle que celle que vous allez faire, et qu'au moment où vous touchez à la fin et où vous allez, pour la première fois, inscrire dans notre législation républicaine ce droit de créance que personne n'a osé critiquer, mais à propos duquel M. Aynard, tout à l'heure encore, à cette tribune, marquait si nettement l'émotion qu'il lui inspire, j'entends bien qu'au moment où vous allez faire ce début d'évolution qui est presque une révolution (*Très bien! très bien! à gauche et à l'extrême gauche*), vous soulevez en effet et des craintes très légitimes et des résistances trop explicables. C'est à vous de dire si ces craintes vont vous arrêter et si vous allez capituler devant ces résistances. (*Applaudissements à gauche et à l'extrême gauche.*)

Il faut le dire nettement sans s'abriter derrière des scrupules qui ne sont que des prétextes.

Vous avez jusqu'à présent reconnu, inscrit dans la loi ce devoir nouveau du pays républicain. Allez-vous reculer, après avoir, depuis tant de séances, avec tant de conscience et de soin, travaillé à mettre debout cette œuvre qui n'est pas une improvisation? En effet, — laissez-moi le dire en passant, — l'œuvre que nous vous apportons n'est l'œuvre d'aucune des fractions du parti républicain, elle est l'œuvre du Parti républicain tout entier, car toutes les fractions de ce parti y ont successivement collaboré. (*Très bien! très bien! à gauche.*)

Ce n'est pas, comme on l'a écrit par mégarde, une improvisation hâtive. Elle a été étudiée depuis 1888 : elle ne l'a pas été seulement dans des Commissions de la Chambre; elle l'a été par l'Administration. Elle l'a été par le Conseil supérieur de l'Assistance publique; elle l'a été par le Conseil d'Etat.

Toutes les rédactions que nous vous apportons, y compris les modifications de l'article 18, ont été élaborées d'accord avec le Gouvernement et, sur certains points, sur l'initiative du Gouvernement. Vous pouvez donc, sans inquiétude, en sachant ce que vous faites, voter l'œuvre que nous vous apportons, et qui est à coup sûr une des œuvres les plus considérables que la troisième République ait encore accomplies. (*Applaudissements à gauche.*)

Mais je vous en supplie, n'abaissons pas cette discussion à des prétextes; ne dissimulons pas nos véritables positions. Nous voulons, quant à nous, d'une volonté que rien n'arrêtera, fonder dans ce pays le droit à la vie pour tous les citoyens. (*Applaudissements à gauche et à l'extrême gauche.*)

Nous voulons que les infirmes, les incurables et les vieillards trouvent auprès de la nation, que ce soit sous la forme de l'État, du département ou de la commune, le payement de la dette à laquelle leur existence seule leur donne droit. Nous le voulons et nous le mettons dans la loi. Si vous le voulez avec nous, dites-le; si vous ne le voulez pas, si vous croyez que nous allons trop vite ou trop loin, dites-le également; mais n'abritez pas votre refus derrière une question de finances qui n'est qu'un prétexte. (*Vifs applaudissements à gauche et à l'extrême gauche.*)

# VI

# LES RETRAITES OUVRIÈRES

## LE PROJET DU CABINET WALDECK-ROUSSEAU

*Chambre des Députés*, 13 *Juin* 1901.

Quand, le 22 juin 1899, le ministère Waldeck-Rousseau se présenta devant le Parlement, la question des retraites ouvrières et paysannes ne constituait pas, il est vrai, un article de son programme. Si, plus tard, M. Millerand, comme ministre du Commerce, apporta tout son concours et collabora d'une manière très active avec la Commission d'assurance et de prévoyance sociales à l'élaboration de cette réforme, c'est après entente avec le président du Conseil et pleinement d'accord avec tous ses collègues.

Suivant sa propre formule, « en discutant la loi des retraites après avoir voté la loi des associations, le parti républicain touchait les deux pôles de sa politique et de son programme ».

L'article premier fut voté, consacrant le principe de la loi. Mais une coalition formée des membres du centre, de la droite et d'une partie de l'extrême gauche socialiste, arrêta la discussion le 2 juillet 1901, en adoptant l'amendement de MM. Gailhard-Bancel et Lasies. Cet amendement invitait le Gouvernement à consulter les syndicats, les Chambres de commerce et toutes associations patronales et ouvrières.

C'était purement et simplement l'ajournement de la loi qui avait été obtenu, malgré les efforts de la Commission et l'intervention énergique de M. Millerand, qui déclara que les travailleurs comme les patrons avaient eu connaissance du projet et avaient pu l'examiner à loisir.

Le discours qui va suivre analyse le mécanisme de la loi dans tous ses détails.

M. MILLERAND, *ministre du Commerce, de l'Industrie, des Postes et des Télégraphes.* — Messieurs, le projet que le Gouvernement, d'accord avec la Commission, vous propose d'adopter crée, pour plus de 9 millions de travailleurs, un droit à une retraite. Ce projet a été précédé de beaucoup de propositions différant toutes par les procédés, encore que le but en fût sensiblement identique, et rien, à vrai dire, n'est moins fait pour surprendre que cette variété de conceptions toutes tendues vers la solution d'un problème si considérable et si complexe.

Le projet sorti, en dernière analyse, des délibérations de la Commission d'assurance et de prévoyance sociales est une transaction : il en a les défauts et les mérites ; s'il échappe au reproche de parti pris et d'intransigeance, il impose à tout le monde le sacrifice d'une partie de ses préférences.

Je suis, pour ma part, très sincèrement reconnaissant à ceux de nos collègues tels, pour n'en citer qu'un, que l'honorable M. Guieysse, qui, étant arrivés à la suite de longues études à des conclusions mûrement réfléchies, n'ont pas hésité à subordonner à l'intérêt général, à la nécessité d'aboutir, une part de leurs vues particulières. (*Très bien! très bien! à gauche.*)

Dans l'accord qui s'est ainsi établi, le Gouvernement a apporté, comme c'était son devoir, son contingent de concessions et de sacrifices. Mon collègue, M. le ministre des Finances, dira à la Chambre pourquoi et comment, après un long et minutieux examen, il a abouti aux conclusions que le Gouvernement et la Commission vous demandent de ratifier.

S'il m'était permis de parler de moi, je rappellerais qu'à la fin de la dernière législature et au début de celle-ci, j'ai, d'accord avec un certain nombre de mes collègues, saisi la Chambre d'un projet qui d'ailleurs n'était pas notre œuvre, mais celle d'un homme dont il n'est que juste de citer le nom en ce débat, car il a largement contribué à faire progresser dans le Parlement et surtout au dehors l'idée des retraites ouvrières : j'ai nommé M. Escuyer. (*Très bien! très bien!*)

Les uns et les autres nous nous sommes départis de la rigueur de nos premières conceptions. Et si je suis à la tribune, c'est précisément dans l'espoir de démontrer à la majorité républicaine, à la Chambre tout entière, que l'exemple ainsi donné par des hommes appartenant à toutes les nuances de l'opinion, elle peut et elle doit le suivre.

Elle le peut, parce que la transaction qu'on lui offre procure des avantages assez décisifs, comporte des charges assez acceptables, en un mot, vaut assez pour que l'adoption en soit aisée à toutes les bonnes volontés. J'ose dire qu'elle le doit, parce que les intérêts multiples et parfois contradictoires mêlés à un tel problème ne peuvent guère être sauvegardés que par une solution de ce genre, et qu'à mon sens, il n'est pas de considération de doctrine, de préférence de système, de désir du mieux, qui puisse faire excuser par l'opinion qui attend, un plus long ajournement, sinon un définitif échec. (*Très bien! très bien! à gauche.*)

Pour faire saisir à la Chambre la valeur du projet que la Commission et le Gouvernement lui demandent d'adopter, je serai contraint à bien des redites. Je serai condamné à entrer dans des explications dont une partie ne laisse pas que d'être aride ; mais je m'efforcerai par la clarté et la précision de mes observations d'en tempérer la sécheresse dont par avance je m'excuse.

Tous les salariés français, — sauf les domestiques et les employés dont les appointements dépassent 4.000 francs, — de l'agriculture, du commerce et de l'industrie, ont droit, à soixante-cinq ans, au bénéfice d'une retraite de vieillesse ou, plus tôt, le cas échéant, d'une rente d'invalidité.

Telle est, en quelques mots, la portée du projet.

Comment la rente de vieillesse est-elle constituée ? Par les versements égaux et obligatoires des employeurs et des employés. Ceux-ci sont divisés en trois catégories dont le versement respectif et quotidien est de 5 centimes si le salaire n'atteint pas 2 francs, 10 centimes s'il est entre 2 et 5 francs ; 15 centimes s'il est de 5 francs et au-dessus.

Chacun se fait sa retraite, chacun touche à soixante-cinq ans le produit des versements inscrits à son nom. L'État garantit à chacun l'intérêt à 3 p. 100 de tous les versements portés à son compte.

Voilà pour le régime normal.

Et tout de suite, répondant à une des critiques dirigées contre le projet, je remarque qu'il s'agit bien d'assurance et non d'assistance — car je ne parle que du régime normal. — Chacun des assujettis touche à soixante-cinq ans sa rente, sans que le paiement en soit surbordonné à aucune condition, sans qu'il ait à faire aucune preuve d'indigence; ainsi, j'ai le droit de le dire, le projet jette les bases d'un système qui, au fur et à mesure des réalisations successives et de l'augmentation des ressources publiques, peut et tout naturellement doit embrasser dans une vaste synthèse tous les risques auxquels est exposé le travailleur.

Je n'ai parlé que du régime normal. Mais si pour les travailleurs qui n'atteindront soixante-cinq ans qu'en régime normal, c'est-à-dire dans quelque trente ans, pour ceux en d'autres termes qui, au moment de la mise en vigueur de la loi, ont trente-cinq ans, la loi appliquée dans les conditions que je viens d'indiquer doit procurer des résultats appréciables, — nous verrons tout à l'heure lesquels, — il est deux catégories de travailleurs dont l'une demeurerait absolument étrangère à l'application de la loi, dont l'autre n'en retirerait que des bénéfices parfois dérisoires.

La première catégorie se compose des travailleurs qui, lors de la mise en vigueur de la loi, auront soixante-cinq ans et plus ; la seconde se compose des travailleurs qui, à la même date, ayant entre trente-cinq et soixante-quatre ans, n'auront le temps de faire qu'un nombre relativement médiocre de versements.

Que dispose le projet pour les uns et pour les autres ?

Tous les vieillards de soixante-cinq ans et plus qui n'ont pu faire aucun versement — puisque la Caisse des retraites n'en reçoit pas après soixante-cinq ans — toucheront néanmoins une pension dont le maximum est de 100 francs et dont le minimum, destiné à grandir vite parce que sur cette catégorie de vieillards la mortalité sévit cruellement, est déterminé par la répartition d'un crédit annuellement inscrit à la loi des finances, — 15 millions, dit le projet — plus deux affluents. D'abord l'excédent des versements opérés au titre des ouvriers étrangers qui ne sera point absorbé par les frais d'administration, — chaque patron verse par ouvrier étranger et par jour 25 centimes — en second lieu, les amendes. Il est raisonnable d'évaluer, pour la première année, le minimum de la pension à 50 francs.

Quant aux travailleurs qui auront, au moment même de la mise en application de la loi, entre trente-cinq et soixante-cinq ans, pourvu que, comme les travailleurs de la précédente catégorie, ils justifient de trente ans de travail, et qu'ensuite, entre la mise en vigueur de la loi et le moment où ils arrivent à l'âge de soixante-cinq ans, ils aient, par année, ne fût-ce qu'une seule année, opéré 250 versements, correspondant à 250 journées de travail, ils auront droit à des pensions qui, suivant les âges, s'étagent de 100 à 180 francs.

Ainsi sont réglés, messieurs, et le régime normal, et le régime, qu'on a appelé de liquidation, celui qui s'applique aux vieillards de soixante-cinq ans et plus, n'ayant pu, à raison de leur âge, effectuer aucun versement, et enfin le régime transitoire, celui qui s'applique aux vieillards qui, à raison de leur âge, n'auraient pu opérer un nombre assez élevé de versements pour s'assurer une rente suffisante.

Dès le 1er janvier qui suivra la publication des règlements d'administration publique indispensables à la marche de la loi, c'est-à-dire quelques mois après sa promulgation, la loi entre en vigueur, les rentes de vieillesse commencent à être servies. Elles sont constituées dans le régime transitoire, comme dans le régime de la liquidation, par le concours financier de l'État.

Ce concours financier se traduit, dans le régime normal, sous deux formes : d'abord, comme je l'indiquais tout à l'heure, par la garantie d'un intérêt de 3 p. 100 aux versements accumulés, ensuite par la majoration de la rente d'invalidité.

La rente d'invalidité, vous le savez, est la rente attribuée à tout travailleur qui avant l'âge de soixante-cinq ans, après 2.000 journées, soit huit années en moyenne de travail, se trouve, pour une autre cause qu'un des accidents déjà garantis par la loi de 1898 sur les accidents, réduit à gagner moins du tiers du salaire moyen de sa profession.

Le département et la commune sont appelés

à coopérer avec l'État à cette majoration : l'État donne 75 p. 100 de la majoration, le département 15 p. 100, la commune 10 p. 100; leur intervention se justifie; elle est rendue, on peut le dire, indispensable par la nécessité de prévenir les fraudes, les certificats de complaisance qu'en matière d'invalidité surtout il faut craindre. La majoration peut, au plus et au total, atteindre 100 francs; elle est versée, jusqu'à due concurrence, à l'invalide qui, tant par ses versements que par ses revenus personnels autres que les salaires, n'a pu se constituer une rente de 200 francs.

Le service des rentes était assuré dans le premier projet de la Commission par des caisses régionales; elles étaient non seulement utiles, mais indispensables dans la combinaison financière qui avait été adoptée. Elles sont devenues inutiles dans celle dont je dirai tout à l'heure quelques mots, et pour assurer le service des rentes, il suffit, au point de vue administratif, de la Caisse nationale des retraites ouvrières, placée sous l'autorité du ministre du Commerce; au point de vue financier, de la Caisse des dépôts et consignations, qui relève du ministre des Finances. Réserve est faite, bien entendu, des caisses patronales et des sociétés de secours mutuels, auxquelles la loi laisse pleine liberté — et nous en reparlerons tout à l'heure — de continuer leur service de retraites, sous la seule et légitime condition qu'elles fassent à leurs adhérents des avantages équivalents à ceux qui sont assurés par la Caisse nationale.

Tel est, messieurs, esquissé dans ses grandes lignes, le fonctionnement de la loi. Par quelles charges se traduit-il?

Les adversaires ont insisté avec complaisance sur l'incertitude et le flottement des bases du calcul. Ses partisans n'essayent pas de dissimuler qu'il n'existe point de statistiques faisant connaître, par exemple, le nombre des ouvriers et employés de plus de soixante-cinq ans qui possèdent certains revenus — pensions ou rentes. Nous n'avons pas non plus de statistique qui nous révèle le nombre des petits patrons situés aux frontières de la loi; il n'existe pas davantage de statistique qui opère la détermination par salaires et appointements des ouvriers et employés et nous fassent connaître le nombre des employés qui, leur traitement excédant 4.000 francs, ne seront pas assujettis à la loi.

Mais si je comprends qu'on signale ces lacunes, je nie qu'on en puisse tirer argument contre la loi, et cela pour deux raisons essentielles : la première, c'est qu'on a exagéré l'incertitude des statistiques. Il est très vrai — et M. Guieysse a eu raison de le rappeler — que, de la statistique de 1891 à celle de 1896, s'accuse une différence de 2 millions de salariés; mais, si l'on veut être juste et exact, il faut ajouter que la statistique de 1896, pas plus que les suivantes, ne peut désormais offrir une telle erreur. Pourquoi? Parce que, depuis 1896, des méthodes nouvelles ont été adoptées ; des bulletins, que vous connaissez bien, ont été dressés avec une rigueur et une précision qui ne demandent, pour être parfaits, qu'à être complétés par la bonne volonté des recensés dans l'intérêt desquels se fait le recensement. Dans ces conditions, le service du recensement professionnel peut avancer aujourd'hui que son erreur, avec les nouvelles méthodes, ne peut pas atteindre 3 p. 100. C'est la première raison ; ce n'est pas la seule.

Si je soutiens qu'on ne peut arguer de ces lacunes pour repousser le projet, c'est qu'il est des conséquences, et nombreuses, de cette loi, qu'il est de toute impossibilité de connaître avant sa mise en vigueur. En effet, il est un élément qui non seulement échappe à toute statistique, mais qui en modifie toutes les données : la mise en application de la loi exercera une influence considérable sur nombre de personnes qui, placées aux limites de la loi, s'y adapteront pour en bénéficier. Il n'est pas douteux que nombre de recensés, qui se rangent aujourd'hui, plus ou moins arbitrairement, dans la classe petit-patronale, se rangeront demain dans la catégorie ouvrière ; il n'est pas douteux que beaucoup de vieillards qui ont été classés comme rentiers, moins parce qu'ils avaient des rentes que parce que leur infirmité ou leur vieillesse ne permettait de les rattacher à aucune profession, vont devenir des bénéficiaires de la loi. C'est ainsi, après la loi et par son application, qu'on pourra connaître combien de personnes jouissent de revenus qui dispensent soit l'État, soit les départements et les communes, de majorer en régime transitoire les rentes de vieillesse, en régime normal les rentes d'invalidité. Mais avouez que ce serait un singulier illogisme de refuser de voter la loi sous prétexte qu'on ne connaît pas encore les corrections, peut-être considérables, qui ne peuvent être relevées qu'après le vote et par l'application de la loi.

De ces lacunes, que je n'ai *point* essayé de dissimuler, on doit seulement tirer et retenir un conseil de prudence dans l'élaboration de la loi.

Sous ces réserves, à quel chiffre peut-on évaluer le nombre des bénéficiaires? D'après les résultats du recensement professionnel de 1896, tels qu'ils ont été colligés par l'Office du travail, le total des personnes assujetties n'est pas inférieur, toute déduction faite, à 9.200.000. Celui des travailleurs âgés de soixante-cinq ans et plus, auxquels s'appliquera le régime de liquidation que je définissais tout à l'heure et qui est prévu à l'article 36 de la loi, est environ de 500.000.

Je sais bien que certains de nos collègues, dont les sentiments de générosité éclatent à tous les yeux, ne supportent pas la pensée de laisser en dehors des bénéficiaires de la loi les ouvriers et employés qui ne rempliraient pas les conditions de durée de travail exigées par elle et la catégorie si intéressante des petits patrons. Ils ne se contentent pas de la promesse inscrite à l'article 34 du projet, qu'ils déclarent fallacieuse; ils n'admettent même pas la certitude que, comme ailleurs, par l'heureuse et inévitable logique des choses, les catégories provisoirement exclues de la loi y soient, au fur et à mesure de l'accroissement des ressources publiques, rapidement et forcément comprises. Non, ils réclament une résolution immédiate.

Je ne la souhaiterais pas moins qu'eux, mais je suis moins sûr qu'eux-mêmes que cette résolution, si, par impossible, la Chambre s'y laissait entraîner, servît autant qu'ils le prétendent la cause du progrès dont ils se proclament les meilleurs, sinon les seuls défenseurs.

Dans des circonstances analogues, un homme que nul ne saurait suspecter de tiédeur, l'auteur de la première proposition sur les retraites ouvrières qu'ait connue la troisième République, Martin-Nadaud, réfrénait en ces termes l'inquiétante ardeur d'un député de la droite, aujourd'hui disparu de la Chambre, qui, sous prétexte de rendre la loi sur les accidents plus simple et plus juste, proposait — M. Louis Ricard, qui fut le rapporteur de la loi à cette époque, ne l'a pas oublié — de supprimer de l'article 1er du projet toute l'énumération des industries, disant qu'ainsi rien ne limiterait l'application de la loi. Et Martin-Nadaud répondait :

« Messieurs, je ne suis pas pour la doctrine du tout ou du rien. Nous... » — il parlait à un député de la droite. — « ...Nous, nous voulons voir cette loi appliquée. Nous ne prétendons pas du même coup réaliser l'idéal, et nous pensons que ceux qui viendront après nous pourront y apporter des modifications favorables à ceux des ouvriers qui n'y auront pas été compris. »

Ce langage fut entendu alors ; il le sera encore aujourd'hui. Et la Chambre ne déclarera pas, j'en suis sûr, qu'elle préfère ne rien faire parce qu'elle ne peut pas faire tout. (*Applaudissements à gauche.*)

Observez d'ailleurs que les chiffres que j'ai cités tout à l'heure sont considérables. Si la loi ne s'applique pas à toutes les catégories qu'on souhaiterait y voir comprises, si même la rente servie à chacun des bénéficiaires de la loi n'est pas aussi forte qu'il serait certainement désirable et sans doute juste de lui voir attribuer, qui niera que c'est un événement capital que le vote d'une loi qui fait de 9 millions de travailleurs les créanciers légaux de la société ? (*Nouveaux applaudissements sur les mêmes bancs.*)

Événement capital et d'une telle importance que nombre des adversaires de la loi s'emparent précisément de son importance pour contester qu'elle soit pratiquement réalisable.

Je laisse à M. le ministre des Finances le soin dont il s'acquittera infiniment mieux que moi, de faire le tableau précis des charges qui correspondent à l'application de la loi, mais je ne sors ni de mon rôle ni de mes attributions en remarquant qu'il suffit de jeter les yeux sur des chiffres incontestables pour vérifier que, depuis un demi-siècle seulement, pour ne pas remonter plus haut, la production et la fortune de la France ont suivi fort heureusement une progression ininterrompue qui permet d'envisager sans inquiétude l'éventualité de charges subies par d'autres pays qui n'ont pas vu pour cela, au contraire, ralentir leur activité économique et industrielle.

Ouvrez, messieurs, le premier bulletin publié par l'Office du travail, vous y trouverez quelques chiffres singulièrement instructifs sur le développement de notre production et sur la progression de la richesse nationale de 1840 jusqu'à 1892; j'irai un peu plus loin, si vous le permettez, jusqu'en 1899; et, pour me borner au demi-siècle, je commencerai la comparaison à la seconde colonne du tableau, en 1852.

Qu'est-ce que j'y vois? Que la valeur des importations du commerce extérieur national s'est élevée de 1 milliard 635 millions à 6 milliards 375 millions, tandis que la valeur des exportations montait de 1 milliard 906 millions à 5 milliards 937 millions.

Si nous passons au chapitre de la production plus spécialement, nous voyons que le nombre des établissements possédant des appareils à vapeur s'est élevé de 6.000 à 56.000 et que, par une progression corrélative et inévitable, la puissance des machines à vapeur s'élevait de 75.000 à 1 million 647.000 chevaux-vapeur.

Enfin, pour donner un chiffre global qui est, de l'aveu général, un indice assez sûr de l'état de la fortune publique, l'annuité totale des donations et successions qui avait été, en moyenne, de 1853 à 1862, de 3 milliards 124 millions; de 1873 à 1882, de 5 milliards 659 millions, s'est élevée, dans la période de 1893 à 1899, à 6 milliards 719 millions.

De ces chiffres, je tire la conclusion, non pas, certes, qu'on peut surcharger sans mesure la production française — toute une partie de ma démonstration tend à établir le contraire — mais qu'il n'est ni imprudent ni déraisonnable de songer à accroître ce qu'il est permis d'appeler la part sociale du budget républicain.

Messieurs, on le peut à une condition : qu'on emploie judicieusement le produit des cotisations qui vont être ainsi fournies, dans l'intérêt de leurs collaborateurs les plus malheureux, par l'agriculture, par le commerce et par l'industrie.

Deux systèmes qui se proposent ce but se disputent la faveur publique : la répartition et la capitalisation. Je remarque tout de suite que, lorsqu'on compare ces deux systèmes, il ne s'agit, vous l'entendez bien, et vous voudrez bien ne pas l'oublier, que d'une comparaison exclusivement financière : qu'il y ait répartition ou capitalisation, cela ne touche en rien à la question des versements de salaires, des contributions de l'ouvrier et de l'employeur. Lequel, financièrement, vaut le mieux des deux systèmes?

En faveur de la répartition on invoque sa simplicité. Tous les ans, on inscrit au budget le nombre de millions nécessaire, et on répartit entre les bénéficiaires le montant ainsi inscrit, au prorata des droits. C'est, on le rappelait à l'instant, le système de la loi de 1853 sur les retraites des fonctionnaires; je ne sache pas qu'il n'ait point soulevé de critiques. Il en a provoqué de telles, que M. le ministre des Finances a été appelé, vous le savez, à préparer un projet qui, sans toucher aux droits des fonctionnaires à la retraite, modifie considérablement l'organisme de la loi.

Contre le système de la répartition, il y a un argument qu'avec l'autorité qui lui appartient, M. Guieysse a fait valoir dans son premier rapport, et sur lequel je n'insiste pas, parce que ses partisans en ont eux-mêmes reconnu la portée à la tribune : c'est qu'il coûte plus cher que l'autre. Mais s'il a cet inconvénient, ses partisans font valoir contre le système adverse de la capitalisation des objections qu'ils jugent décisives. Si, en effet, le système de la capitalisation est appliqué, passez-moi le mot, dans sa pureté, si on entend ne servir de retraites que le jour où les versements accumulés permettront d'en distribuer les intérêts sous forme de rente, alors, je le reconnais, on se heurte à trois objections dont il serait puéril de dissimuler la gravité. D'abord on ajourne à trente ou quarante ans après sa promulgation la mise en application de la loi; ensuite on crée des difficultés inouïes au placement d'une masse aussi considérable de capitaux; enfin on immobilise des milliards qui seraient si utiles pour la production et qui peuvent difficilement, quelle que soit la liberté du système employé, lui être confiés, étant donnés les dangers dont le système de la capitalisation doit, dans l'intérêt des retraités, se garantir. Voilà — je n'ai pas cherché à les atténuer — les trois difficultés du système.

J'ai le droit de dire et je vais essayer tout de suite, en attendant la démonstration qui vous sera faite par mon collègue des Finances, de vous montrer que cette triple difficulté a été tranchée ar une solution ou'il est permis, en empruntant, comme c'est ici le cas, le langage des mathématiciens, de qualifier d'une rare élégance et dont le mérite peut, je crois, être partagé équitablement entre M. Guieysse et M. Caillaux.

Quelle est cette solution et à quoi aboutit le système qui vous est présenté au point de vue financier? Tout d'abord la première objection disparaît, parce que, je viens de le dire, la loi s'applique au moment où elle est promulguée. Vous entendez qu'on ne peut y parvenir — et c'est précisément un des avantages du système — qu'en faisant, non pas de la répartition, mais quelque chose qui y ressemble, en inscrivant au budget le complément des rentes qu'on servira pendant le régime transitoire et le régime de liquidation.

Voilà la première difficulté écartée.

M. Ribot. — Cela ne s'appelle pas répartition, mais subvention!

M. le ministre. — Permettez-moi de vous dire, monsieur Ribot, que je cherche en ce moment à faire constater à la Chambre que les trois griefs imputés, avec raison selon moi, au système de la capitalisation ne se rencontrent pas dans le projet. J'ajoute tout de suite qu'on ne peut s'armer contre ce projet de ce fait que les rentes servies en régime transitoire et en régime de liquidation seraient trop modiques; si elles le sont, la faute n'en est pas au système : car avec la même combinaison financière et sans toucher au système financier admis, on peut, au lieu de 15 millions, si l'on croit que la prudence financière et l'état des ressources publiques le permettent, inscrire ou 30 ou 50 millions, le chiffre ne fait rien au système. (*Très bien! très bien! à gauche.*) Donc la première difficulté est écartée.

La deuxième, comment l'est-elle? Comment le projet débarrasse-t-il l'État du péril et de l'inquiétude du placement de masses si considérables de capitaux? Je ne l'indique que d'un mot parce que c'est ici surtout que M. le ministre des Finances aura à vous fournir les détails techniques : c'est en substituant d'une manière successive et quasi automatique la Caisse nationale des retraites ouvrières aux porteurs de titres de rentes.

Cette solution fait en même temps disparaître la troisième et si grosse difficulté : l'immobilisation, aux dépens de la production, de nombreux milliards. Or, avec le système adopté par le projet, lorsque — permettez-moi de prendre par hypothèse un chiffre — 700 millions, par exemple, auront été fournis par les employeurs et les employés, ces 700 millions serviront à rembourser une série de rente; et du même coup vous rendez disponibles les sommes que vous reprochiez au système de la capitalisation d'immobiliser. En remboursant les porteurs de rentes, vous leur permettez de mettre à la disposition du commerce ou de l'industrie les capitaux qui, dans la capitalisation, restaient indisponibles. (*Très bien! très bien! à gauche.*)

Et, par une conséquence imprévue, c'est, messieurs, pour l'ensemble des travailleurs, la réalisation de la conception que Barrère exposait dans un rapport à la Convention, dont l'inspiration est demeurée singulièrement vivante, si le style en a quelque peu vieilli.

« Les riches, disait Barrère, ont bien obtenu de la République un grand-livre pour y enregistrer leurs richesses et leurs créances; eh bien! les citoyens malheureux, les vieillards indigents auront aussi leur grand-livre pour y graver leurs services industriels, leur travaux agricoles et leurs droits à la bienveillance nationale...

« Oui, je parle ici de leurs droits, parce que dans une démocratie qui s'organise, tout doit tendre à élever chaque citoyen au-dessus du premier besoin, par le travail s'il est valide... par l'éducation, s'il est enfant... et par le secours, s'il est invalide ou dans la vieillesse. N'oublions jamais que le citoyen d'une République ne peut faire un pas sans marcher sur son territoire, sur sa propriété. » (*Très bien! très bien! à gauche.*)

Et en même temps que se crée ainsi, sauf le mot, le nouveau grand-livre que réclamait Barrère, j'ai le droit de dire que, pour toutes les catégories qu'embrasse le projet, pour les 9 millions de travailleurs auxquels il s'applique, sa conception est réalisée, et que le vieillard, l'invalide sont placés « au-dessus du premier besoin ».

Sans doute, dans le régime transitoire, on déclare insuffisantes des rentes de 100 à 180 fr. Il serait cependant tout à fait injuste et irréfléchi de les tenir pour négligeables. C'est un appoint, et j'estime que cet appoint peut produire un changement considérable, non seulement dans la situation même des bénéficiaires intéressés, mais je dirai surtout dans les habitudes et dans les mœurs.

Que de fois romanciers et économistes nous ont dépeint la situation cruelle du vieillard tombé à la charge de ses entants : l'impatience pas toujours dissimulée avec laquelle cette lourde charge est supportée; les moyens parfois plus ingénieux qu'humains, employés pour la réduire au minimum! N'est-ce pas un heureux et profond changement, que le vieillard qui a donné au travail trente ou quarante années de sa vie, représente pour ceux au milieu desquels il vivra, une valeur modeste sans doute, mais certaine et qui durera autant que lui. (*Très bien! très bien!*)

Si d'ailleurs, en régime transitoire, ces rentes sont minimes, en régime normal, quelles sont-elles? Il ne peut, bien entendu, dans le système que j'ai indiqué à la Chambre et qui est celui du projet, s'agir que d'exemples et de moyennes.

Si l'on compte 250 journées de travail seulement par an, si l'on suppose que l'ouvrier n'a commencé à verser qu'à vingt-cinq ans, au taux d'intérêt de 3 p. 100, garanti par l'État, l'ouvrier touchera à soixante-cinq ans, si son salaire est demeuré toute sa vie inférieur à 2 francs, une rente de 316 francs; si son salaire a varié entre 2 et 5 francs, une rente de 631 francs; si son salaire a atteint ou dépassé 5 francs, une rente de 947 francs; ce sont les chiffres des rentes à capital aliéné; elles descendent à 170 francs, 339 francs et 509 francs, si le capital est réservé.

Si l'on suppose, ce qui est bien l'hypothèse commune, que l'ouvrier ait commencé son labeur et, par suite, ses versements à dix-huit ans et si l'on opère la déduction des trois années de service militaire, les rentes seront respectivement de 400, 800 et 1.200 francs à capital aliéné, de 221, 442 et 633 francs à capital réservé.

Je parle de capital réservé. Que faut-il entendre par là et que doit-on penser du système des versements à capital réservé? La Commission avait proposé dans son premier rapport une assurance en cas de décès qui devait être, selon les cas, de 500 francs ou de 1.000 francs. La Commission y tenait, M. Guieysse vous l'a dit. Elle ne l'a abandonné qu'à regret, et je le comprends.

C'était une conception à la fois généreuse et pratique, bien conforme à nos sentiments, que celle d'associer les intérêts de la famille aux intérêts de son chef. Aussi, si M. le ministre des Finances a cru devoir repousser le procédé qui lui a paru imposer des charges trop lourdes à l'État, le Gouvernement a retenu l'idée et il l'a réalisée sous la forme de versements à capital réservé. Cette combinaison est-elle pratiquement très inférieure en cas de décès ? Qu'il me soit permis de dire que l'assurance en cas de décès, telle au moins que le présentait le projet, offrait deux inconvénients sensibles.

Elle était due seulement autant que dureraient les versements; par suite, elle n'était pas exigible après l'entrée en jouissance de la rente, et si le bénéficiaire, l'ouvrier, l'employé, venait à mourir quelques mois, quelques jours après l'entrée en jouissance de sa rente, il laissait sa veuve sans aucune ressource : l'assurance était strictement liée aux versements.

Autre conséquence : si une longue maladie avait précédé le décès et avait par conséquent interrompu les versements, l'assurance en cas de décès cessait encore d'être due ; à la mort du chef de famille, nul capital n'était touché. On dira peut-être qu'un au moins de ces inconvénients pourrait — ce que j'ignore — être corrigé. Ils existaient en tout cas et ils n'existent pas dans le système des versements à capital réservé.

Vous le savez, l'ouvrier qui s'est prononcé pour les versements à capital réservé acquiert la propriété définitive et irrévocable de tous les versements faits en son nom, aussi bien de ceux opérés par son patron que de ceux qu'il a opérés lui même.

Naturellement, — et je l'ai indiqué tout à l'heure dans les chiffres dont je donnais l'énumération à la Chambre, — la rente produite par les versements à capital réservé est inférieure à celle que procurent les versement à capital aliéné ; mais — ce qui est intéressant — elle n'est pas sensiblement inférieure au chiffre de la rente qui serait acquise par la combinaison de l'assurance en cas de décès, et si j'en crois les renseignements qui m'ont été fournis par la Caisse des dépôts et consignations, il est supérieur pour les salariés les plus intéressants, car ils appartiennent à la catégorie la plus basse, ceux qui dans leur vie n'ont même pas atteint le salaire de 2 francs.

Il est vrai, messieurs, qu'on oppose à ce système cet inconvénient incontestable, que, si l'ouvrier meurt jeune, comme il a opéré encore peu de versements, il laisse peu de chose à sa famille, alors que précisément les enfants étant jeunes, ayant besoin d'un capital pour être élevés, les 500 ou 1.000 francs de l'assurance au décès eussent été les bienvenus. Je ne le nie pas, mais je fais remarquer par contre que, dans le système de versements à capital réservé, l'ouvrier qui meurt après avoir opéré le plein de ses versements laisse à sa veuve, au moment où elle est vieille, au moment où ses forces l'abandonnent, un capital qui, d'après les tableaux annexés au rapport de M. Guieysse, est, selon ces catégories, respectivement de 1.175, 2.350, 3.555 francs. Enfin, dans ce système, l'ouvrier a une liberté absolue; il peut, si sa femme, ses enfants, prédécèdent, revenir au capital aliéné et augmenter sa rente; il peut au contraire, s'il avait d'abord accepté les versements à capital aliéné, et s'il vient à se marier, à fonder une famille, accepter pour l'avenir les versements à capital réservé.

J'entends que les spécialistes ont contre les versements à capital réservé une objection, qu'ils jugent de la plus haute gravité. Ils reprochent à ce système — je m'excuse de l'aridité de cette étude, elle était nécessaire — (*Parlez! parlez!*) ils reprochent à ce système de ne pas habituer les travailleurs à ce qui est l'essence même du régime de l'assurance, et de ne les exposer à aucun risque en compensation de la chance de la retraite. C'est vrai : le système des versements à capital réservé qui fait celui qui verse propriétaire définitif, irrévocable, de ses versements, juxtapose, si l'on peut dire, la caisse d'épargne à la caisse des retraites ; mais c'est, à mon avis, l'avantage décisif du système à capital réservé. Et pourquoi ? Parce qu'au début, surtout, de l'application de la loi, beaucoup d'ouvriers seront tentés de se plaindre d'être obligés de verser, s'ils ne sont pas sûrs, eux ou leurs enfants, de rentrer dans leurs versements.

Cette crainte, le système des versements à capital réservé la fait évanouir, et j'estime qu'au commencement de l'application d'une loi si délicate, ce n'est pas le moindre de ses mérites. (*Applaudissements à gauche.*)

J'ai dit, messieurs : obligés de verser; mais pourquoi obligés de verser? Et j'arrive ainsi à la question capitale qui domine de haut tout le problème des retraites : la question de l'obligation.

Au premier rang de ceux qu'émeut la perspective de l'obligation figurent les mutualistes. Il n'y aura rien dans ma parole — parce qu'il n'y a rien dans ma pensée — qui puisse porter ombrage aux membres des sociétés de secours mutuels. Je m'associe de grand cœur à tous les éloges qui leur ont été si justement décernés. Ils ont précédé la loi ; ils ont pris l'initiative, au milieu de difficultés souvent énormes, d'une œuvre digne entre toutes de louanges et d'encouragements. (*Très bien ! très bien !*)

Si j'osais, je dirais que les républicains surtout leur doivent de la reconnaissance, car ils ont donné l'exemple, en même temps que de l'épargne et de l'économie, du groupement, de l'association, et par là, ils méritent en quelque manière d'être salués comme les précurseurs et les initiateurs des institutions démocratiques. (*Applaudissements à gauche.*) Leurs efforts ont été considérables ; les résultats qu'ils ont atteints sont loin d'être négligeables. Aussi, rien de plus naturel, s'ils craignent de voir la loi rendre leurs efforts sinon superflus, peut-être moins nécessaires. Je le comprends si bien, que je suis le premier à excuser et à expliquer certaines exagérations de langage contenues dans des ordres du jour qui dénonçaient dans les caisses régionales proposées par le rapport de M. Guieysse, dans la caisse nationale proposée par le Gouvernement « une concurrence impossible à soutenir » ; bien injuste qui voudrait voir dans ce langage l'expression d'une inquiétude égoïste.

Non ! une telle préoccupation n'est, j'en suis sûr, jamais entrée dans l'esprit des mutualistes. Celle qui les anime est autrement noble et avouable. Ils redoutent de voir, sous une institution nouvelle qui n'a pas encore fait ses preuves, s'écrouler les fondations qu'ils ont eu tant de peine à édifier et qui ont porté déjà tant de résultats utiles. Et si leurs inquiétudes étaient justifiées, si vraiment cette ruine devait se produire, même pour réaliser un état de choses incomparablement supérieur, je comprendrais des hésitations ; mais il n'en est rien.

Et d'abord, comment ne pas comparer les

résultats obtenus avec ceux qu'il faut obtenir, les services rendus, et dont nul moins que moi ne cherche à diminuer l'étendue, avec l'effort à accomplir? Les sociétés approuvées servent, disent les dernières statistiques, annuellement entre 4 et 5 millions de retraites à moins de 45.000 intéressés, dont la pension moyenne oscille entre 71 et 72 francs. Or, de quoi va-t-il s'agir? D'assurer la retraite à des travailleurs qui vont se compter par centaines de milliers, par millions. Le rapprochement entre les résultats obtenus et le but à atteindre n'est-il pas décisif?

Aussi bien n'est-il pas difficile d'établir que les appréhensions des sociétés de secours mutuels sont tout à fait exagérées. Je le disais tout à l'heure, c'est une des critiques les plus vives qu'on dirige contre la loi; elle laisse en dehors de ses dispositions plus d'une catégorie : domestiques, petits patrons. Or, les sociétés de secours mutuels trouveront là une clientèle d'autant plus sûre (*Mouvements divers au centre*), que le premier résultat de la loi sera certainement de développer partout et chez tous le désir de la retraite. Mais je vais plus loin et j'affirme que les catégories mêmes qui sont comprises dans la loi n'échapperont pas aux sociétés de secours mutuels et que l'article 22 du projet qui permet aux sociétés de secours mutuels de fonctionner à côté de la Caisse nationale n'est pas destiné à demeurer platonique. Pourquoi? Parce que la loi du 1er avril 1898, la charte des sociétés de secours mutuels, à laquelle nul ne songe à toucher, garantit aux sociétés un intérêt de 4,50 p. 100, c'est-à-dire 50 p. 100 de plus que le taux de capitalisation servi par la Caisse nationale des retraites, et cette majoration de 50 p. 100 permettra non seulement aux sociétés de secours mutuels de servir les rentes d'invalidité, mais, comme elles pourront surveiller l'invalidité beaucoup plus étroitement, à coup sûr, que ne pourra le faire l'État, de servir, à versements égaux, une pension plus forte d'invalidité ou de vieillesse ou de réduire les cotisations d'assurances-maladie; de donner en un mot, sous une forme ou sous une autre, d'évidents avantages à leurs adhérents.

Que si les mutualistes se contentent pour la plupart de regretter, dans l'intérêt de leurs sociétés mêmes, que la loi inspire l'obligation, il est des adversaires de la loi pour aller plus loin, pour proclamer — nous l'avons entendu ici même — que l'État outrepasse ses droits en songeant à décréter l'obligation des versements et qu'il ne saurait l'imposer sans commettre un crime de lèse-liberté.

Je réponds en trois mots que l'obligation est licite, qu'elle est juste et qu'elle est nécessaire.

Elle est licite au même titre et par les mêmes raisons que l'obligation de l'instruction, de l'impôt et du service militaire, qui toutes sont imposées à la fois dans l'intérêt de la société et dans celui de chacun de ses membres. Et l'on me permettra de tenir pour faite la démonstration que la société a un intérêt égal à celui des bénéficiaires mêmes de la loi à préserver de la pire détresse les infirmités et la vieillesse des travailleurs. (*Très bien! très bien! à gauche.*)

L'obligation n'est pas seulement licite, elle est juste, et je vous demande ici la permission de distinguer l'obligation du patron de celle de l'ouvrier. Rien, semble-t-il, n'est plus équitable, et l'on ne pourrait guère le contester sérieusement, que de demander au patron d'inscrire à ses frais généraux l'assurance et l'amortissement de son personnel humain, comme il y inscrit l'assurance et l'amortissement de son matériel et de ses machines.

Mais, nous dit-on, cette contribution légitime, on peut s'en remettre au patron du soin de la consentir lui-même, ce qui revient à dire qu'on peut maintenir la situation actuelle.

Quelle est donc cette situation?

Si j'ouvre l'enquête faite en 1898 par l'Office du travail j'y vois — je vous évite la citation — que la proportion des participants atteindrait au plus 17 p. 100 de la population salariée correspondante, même si l'on avait soin d'ajouter aux résultats de l'initiative privée ceux dus à l'intervention de l'État.

« C'est assez dire, concluait M. Moron, directeur de l'Office du travail, que le régime des retraites ouvrières est encore loin d'avoir atteint en France le degré de développement dont il peut être jugé susceptible : — 17 p. 100 — avec les établissements de l'État ! »

M. Aynard. — Voulez-vous me permettre une observation, monsieur le Ministre ?

M. le ministre. — Volontiers.

M. Aynard. — Ces 17 p. 100 ne pèsent que sur une portion de l'industrie, sur la grande industrie. Si vous considérez la catégorie à laquelle s'appliquent ces 17 p. 100, cela devient un chiffre énorme !

M. le ministre. — Mais pas du tout, monsieur Aynard ! On a établi les calculs en comparant au chiffre total des ouvriers travaillant dans ces catégories d'industrie le chiffre total des ouvriers des mêmes industries participant aux caisses patronales. Eh bien ! la proportion est de 17 p. 100.

Mais, prenez garde ! Si l'on retranche les établissements de l'État et si l'on regarde seulement les établissements industriels privés soumis à l'inspection du travail, on constate que, en 1896 1897, sur un total de 2.656.000 ouvriers employés dans ces établissements, il y avait 98.656 bénéficiaires éventuels de retraites, soit 3,71 p. 100 — moins de 4 p. 100 ! (*Mouvement.*)

Ah ! j'entends bien. On nous dit : mais c'est

un effort qui est déjà méritoire. Je suis loin de le nier. Je le reconnais très volontiers.

M. AYNARD. — Et les ouvriers des mines?

M. LE MINISTRE. — Je ne peux parler de tout à la fois.

M. MAURICE SIBILLE. — Et les 196.000 agents des chemins de fer.

M. LE MINISTRE. — Je vous en prie, messieurs, j'ai à faire une démonstration assez difficile, je vous demande la permission de la poursuivre telle que je crois devoir le faire.

M. AYNARD. — Ces interruptions prouvent l'attention avec laquelle on vous écoute.

M. LE MINISTRE. — Je vous en remercie.

M. LOUIS RICARD, *président de la Commission*. — Tout cela est dans le rapport de M. Moron.

M. LE MINISTRE. — Parfaitement.

Et ce chiffre de 4 p. 100, est-ce qu'on peut, comme on l'a dit ici, espérer qu'il va grandir? Peut-on espérer que les caisses patronales vont se développer? Non — et c'est là une opinion commune à tous ceux qui connaissent la question, qui suivent les progrès de ces caisses patronales et qui m'ont apporté leurs renseignements — non, les caisses patronales ne se développent plus. Pourquoi? Parce que, à la suite d'abus et de scandales dont vous n'avez pas perdu le souvenir...

M. LE PRÉSIDENT DE LA COMMISSION. — Terre-Noire et Bessèges!

M. LE MINISTRE. — … il a été voté une certaine loi du 27 décembre 1895 qui impose, et avec raison, des conditions très strictes au fonctionnement et à l'exercice des caisses patronales, et que depuis lors, on peut le dire, il ne s'en est plus fondé.

M. DRAKE. — Mais il faut réformer cette loi-là ! (*Exclamations à l'extrême gauche.*)

M. CARNAUD. — Elle est nécessaire pour éviter de nouveaux scandales.

M. MAURICE SIBILLE. — La loi de 1895 n'est pas observée. Il n'y a pas une seule caisse patronale administrée comme le veut l'article 3 de la loi de 1895.

M. LE MINISTRE. — Est-ce qu'on peut adopter la combinaison qui a été proposée et qui consiste à faire de l'ouvrier l'initiateur des versements du patron ? Évidemment non, car il est trop clair que l'ouvrier qui prendrait cette initiative risquerait de la payer bien vite par son congédiement. Les caisses patronales ne comprennent pas, ne peuvent pas comprendre le personnel mobile qui est si considérable. Enfin, alors même qu'il y aurait — et il y en a, j'en suis sûr — beaucoup de patrons disposés à entrer dans cette voie, ils ne sont pas libres de le faire. Ils ne peuvent le faire, en effet, qu'à la condition que tous leurs concurrents le fassent en même temps qu'eux.

M. LE PRÉSIDENT DE LA COMMISSION. — C'est très vrai !

M. LE MINISTRE. — Autrement, les conditions de la concurrence seraient rompues à leur détriment et ce seraient les patrons les plus humains qui seraient les dupes de leur générosité. (*Vifs applaudissements à gauche.*)

Ainsi donc il est nécessaire autant qu'équitable que par la loi les patrons soient obligés à verser. N'en est-il pas de même de l'ouvrier et de l'employé? On a jusqu'ici généralement admis — et le projet Escuyer l'admettait comme tous les autres — que l'employé, l'ouvrier, le futur bénéficiaire de la retraite devait y contribuer et pour sa dignité et dans son intérêt même, car c'est dans cette participation qu'il puise le droit de contrôle reconnu par le projet sur la gestion des fonds qu'il a contribué à constituer.

Mais, messieurs, nous voyons alors se dresser les théoriciens, les économistes qui nous disent : « L'obligation affaiblirait chez l'homme le ressort de l'activité. Imposer à l'ouvrier la prévoyance, lui garantir la sécurité, c'est, en même temps que lui faire injure, effacer en lui le sentiment du besoin et le goût de l'effort. »

Ces moralistes se refusent à diminuer la valeur de la vertu, et tandis que ces pharisiens prêchent aux misérables le mérite de la prévoyance, j'entends à travers le siècle la voix de Malouet s'écriant, dans la discussion sur les biens du clergé : « Le premier germe de corruption dans un grand peuple, c'est la misère ; le plus grand ennemi de la liberté et des bonnes mœurs, c'est la misère... (*Très bien! très bien! à gauche*) ; le dernier terme de l'avilissement pour un homme avant le crime, c'est la mendicité. (*Applaudissements sur les mêmes bancs.*) Détruisons ce fléau qui nous dégrade et qu'à la suite de toutes nos dissertations sur les Droits de l'homme une loi de secours pour l'homme souffrant soit un des articles religieux de notre Constitution. » (*Applaudissements à gauche.*)

Eh oui ! messieurs, c'est préserver l'homme, c'est sauver sa dignité, son droit même au titre d'homme, que lui épargner la chute dans les bas-fonds de la misère.

Si vous voulez tenir tendu le ressort de son activité, si vous voulez qu'il demeure capable de prendre des initiatives et d'assumer des responsabilités, il faut d'abord que vous lui assuriez un minimum de garanties matérielles et de sécurité morale. (*Très bien! très bien! à gauche.*)

L'obligation, messieurs, a été reconnue nécessaire, aussi bien au point de vue moral qu'au point de vue matériel du fonctionnement de la Caisse nationale, par des hommes de toutes les opinions, depuis M. de Mun jusqu'à M. André Lebon, en passant par nos collègues MM. Plichon et Lerolle. J'ajoute que certaines des propositions qui vous sont soumises, et qui paraissent condamner l'obligation, lui rendent un hommage d'autant plus significatif qu'il est involontaire. Dans ces propositions, l'ouvrier n'est pas obligé de s'assurer, mais il est présumé le vouloir, et il faut qu'il fasse une déclaration solennelle s'il veut n'avoir ni les charges ni les bénéfices de l'obligation.

M. FERNAND DE RAMEL. — Ce système réserve la liberté de chacun.

M. LE MINISTRE. — Vraiment, si l'on condamne l'obligation sous le prétexte qu'elle abolit le mérite de l'initiative et de la spontanéité, il faut bien reconnaître que des propositions comme celles-là, qui sont des propositions intermédiaires, ont tous les inconvénients des deux systèmes, et qu'il faut ou laisser à chacun, comme on le prétend, le choix et le mérite de sa décision, ou reconnaître sans ambages la nécessité de l'obligation. (*Très bien! très bien!*)

Messieurs, la nécessité de l'obligation est établie jusqu'à l'évidence par une expérience même qui a été faite dans notre pays.

Le 18 juin 1850, l'Assemblée législative votait la loi portant création de la caisse des retraites pour la vieillesse. Quel en était le but?

« En parcourant les articles, disait le rapporteur, M. Benoît d'Azy, vous verrez quelle est l'économie de la loi. La pensée première est celle-ci : offrir au pauvre, à l'ouvrier, au travailleur, les moyens de placer ses épargnes de la manière la plus utile, de manière à s'assurer à la fin de sa vie une existence certaine. »

Et la veille du vote définitif, le rapporteur insistait en ces termes : « On a dit qu'on ne savait pas quelle était l'intention de la commission, qu'elle pourrait en avoir une autre que d'agir dans l'intérêt des ouvriers seuls ; je déclare que c'est exclusivement dans l'intérêt des ouvriers que nous avons fait cette loi. »

Voilà les intentions proclamées, voilà le but déclaré. Quels ont été les résultats ?

Prenez les derniers comptes rendus de la Caisse nationale des retraites : vous y trouverez, et nombreux, des versements collectifs en faveur de leurs ouvriers, de leur employés, par des grandes sociétés, par les compagnies de chemins de fer, par des administrations de l'État ; mais des versements individuels, cherchez-les, ce sera en vain. Comme on l'indiquait au Sénat en 1895 dans la discussion de la loi sur la bonification des retraites, l'ouvrier qui va isolément, de son propre mouvement, pour se constituer une retraite à la Caisse nationale, c'est un mythe, il n'existe pas ! C'est ainsi que, dans sa brochure sur « l'assurance ouvrière à la Caisse nationale des retraites pour la vieillesse », M. Raoul Jay, l'éminent professeur à la Faculté de droit de Paris, formulait, dès la première ligne, la conclusion et la moralité de son étude en cette nette affirmation :

« L'assurance ouvrière pour la vieillesse sera obligatoire, ou elle ne sera pas. » (*Très bien! très bien! à gauche.*)

Mais croyez-vous par hasard que les chefs de la majorité de 1850 furent assez naïfs pour se faire illusion sur les résultats de leur œuvre? C'est de propos délibéré qu'ils l'édifiaient de la sorte et ce passage, que je vous demande la permission d'emprunter à l'œuvre parlementaire de l'un d'entre eux et non le moins illustre, jette un singulier jour sur les desseins réels et les sentiments vrais des adversaires de l'obligation. Dans son rapport général présenté au nom de la commission d'assistance et de prévoyance publiques, M. Thiers s'exprimait ainsi :

« On n'atteindra aucun résultat, dit-on, si on laisse l'ouvrier libre ; il ne déposera pas et continuera à vieillir dans le même état d'insouciance. C'est à craindre, nous l'avouons, pour beaucoup d'entre eux; mais de ce que les individus peuvent être tentés de mal gérer leurs affaires, on ne peut se charger de les gérer pour eux. Ce sont là les suites inévitables de la liberté humaine ; il ne faut pas que les gouvernements soient, à cet égard, plus difficiles que Dieu même (*Rires à gauche*) qui, en donnant aux hommes la liberté, a certainement entendu qu'ils pourraient faire bien ou mal et qui leur a préparé à tous la récompense ou la peine comme conséquence de leurs actes. » (*Exclamations ironiques à gauche.*)

Attendez, messieurs, voici l'aveu :

« Que si l'on veut sortir du système de la retenue obligatoire pour entrer dans le système de la retenue facultative. . » — c'est ce que proposent un certain nombre d'adversaires du projet — «... nous ne ferons pas, continue Thiers, les mêmes objections. Pourquoi? parce qu'indépendamment de la liberté de l'homme respectée, il y aura infiniment moins d'individus qui verseront et dès lors moins de difficultés à vaincre pour la perception et le placement de leurs économies. Ce qui veut dire... » — ceci est textuel — « qu'à mesure qu'on atteindra moins le but de l'institution, son impossibilité deviendra moins grande. » (*Rires à gauche.*)

Voulez-vous atteindre le but de l'institution ou, en vous donnant les apparences d'y viser, avoir la certitude de ne pas y arriver? Toute la question est là : ou l'obligation, ou pas de retraites ouvrières. (*Applaudissements à gauche.*)

Et j'ajoute qu'il y a dans notre législation une autre expérience qui, en sens contraire, n'est pas moins décisive. Peut-on oublier que la loi du 29 juin 1894 sur les caisses de secours et de retraites des ouvriers mineurs a l'obligation pour base? Si bien que le Gouvernement et la commission ne proposent que d'étendre à d'autres catégories de travailleurs un système qui fonctionne depuis longtemps pour une importante catégorie.

Ainsi, et par les résultats de la loi de 1894, et surtout par l'échec de la loi de 1850, l'expérience française est concluante.

Que dit l'expérience de nos voisins? Je sais avec quelle prudence il faut faire état de l'expérience des peuples étrangers, mais il serait au moins bizarre de la dédaigner.

A l'heure où nos industriels et nos commerçants se préoccupent avec tant de raison de ce qui se passe à l'étranger, à l'heure où ils cherchent à connaître les procédés, les machines, la méthode d'exploitation et de vente de leurs concurrents à l'extérieur, par quel illogisme inouï fermeraient-ils les yeux de propos délibéré aux expériences sociales qui se poursuivent également à l'étranger et dont les conséquences sont si graves pour la prospérité matérielle même de toutes les branches de la production?

Eh bien, regardons, messieurs, ouvrons les yeux. Je ne parle pas de nos voisins immédiats. Le problème des retraites ouvrières n'est résolu ni en Angleterre, ni en Belgique, ni en Espagne, ni en Italie, ni même en Suisse. Il l'est en Allemagne!

Oh! je sais bien qu'à cette tribune on a dirigé des sarcasmes aigus contre la métaphysique allemande et la conception pédante et bureaucratique qui en dérive. Je sais bien qu'un économiste, et des plus qualifiés, a récemment, au seuil d'une attaque virulente qu'il dirigeait contre le projet qui vous est soumis, écrit :

« L'idée n'est pas nouvelle, le plan n'est pas même sans précédent ; il fonctionne quelque chose de ce genre depuis 1889 en Allemagne, mais à dose tout à fait homéopathique et presque dérisoire. »

La loi dont on parle sur ce ton de méprisant persiflage s'est traduite — je ne parle bien entendu que de la loi sur les rentes d'invalidité et de vieillesse — par la dépense d'un crédit total de 94 millions de francs dont 33 millions à la charge de l'État, assurant à 108.484 personnes des pensions moyennes de 165 francs pour l'invalidité et de 177 francs pour la vieillesse. En huit années il avait été distribué à des vieillards de plus de soixante-dix ans plus de 144 millions de francs, et à des invalides de tout âge plus de 241 millions. Les versements obligatoires des employés et des employeurs et la contribution de l'État avaient fourni les ressources nécessaires au fonctionnement d'une loi qui s'applique à plus de 12 millions de travailleurs. Elle avait été votée en 1889, après des résistances passionnées, malgré l'opposition de beaucoup de partis, parmi lesquels le parti socialiste ; et, lorsque le projet revint en 1899 devant le Reichstag, c'est à l'unanimité qu'il fut voté, et un des membres traduisait dans cette boutade l'opinion commune : « Celui qui voudrait aujourd'hui nier l'action bienfaisante de la loi d'assurance mériterait de figurer dans un musée d'antiquités. » (*Applaudissements et rires à gauche.*)

Aussi bien, pour connaître nos devoirs, nous n'avons pas à regarder au delà des frontières ; il suffit d'ouvrir notre histoire, de consulter notre passé et d'invoquer nos traditions. Pour réaliser la grande loi de solidarité dont le sort se débat en ce moment devant vous, ce pays a des raisons que les autres n'ont pas : c'est qu'il s'appelle la France et qu'il est la patrie de la Révolution. (*Très bien! très bien! à gauche!*)

Vous avez à achever l'œuvre de nos pères, à tenir leur parole, à dégager vos promesses.

La Révolution n'avait pas attendu 1793 pour proclamer, comme on l'a justement et à maintes reprises rappelé dans cette discussion, que « les secours publics sont une dette sacrée » et que « la société doit assistance aux citoyens malheureux, soit en leur procurant du travail, soit en assurant les moyens d'exister à ceux qui sont hors d'état de travailler ».

A toutes les pages de la discussion sur les biens du clergé revient comme un refrain cette idée que la nation, en même temps qu'elle reprend la propriété de ses biens, assume la charge de pourvoir au soulagement des malheureux et que, selon la forte expression de Mirabeau, « les pauvres et leurs maux appartiennent à l'État ». (*Très bien! très bien! à gauche!*)

Et pas d'équivoque, messieurs, sur le domaine qu'il convient de laisser à la bienfaisance privée : l'heure n'est pas près de sonner ou plutôt elle ne sonnera jamais où il n'y aurait plus pour elle de domaine où s'exercer. (*Très bien! très bien!*) Ses formes pourront varier, la pitié vivra tant que battra un cœur d'homme. (*Applaudissements à gauche et à l'extrême gauche.*)

Ce que nos pères de la Révolution ont voulu dire, et ce qu'après eux nous disons, c'est que la démocratie n'a pas le droit de se reposer sur d'autres que sur elle-même de l'accomplissement du premier devoir social. (*Très bien! très bien! sur les mêmes bancs.*)

En discutant la loi des retraites, après avoir voté la loi des associations, le parti républicain touche aux deux pôles de sa politique et de son programme. (*Très bien! très bien! à gauche.*) Il ne peut avoir la prétention de laïciser l'Etat, de l'émanciper de toute tutelle, de toute immixtion confessionnelle, qu'à la condition que l'État ne se déchargera plus pour une trop large part (*Vifs applaudissements à gauche*), sur ceux-là mêmes dont il entend secouer l'influence, du soin de remplir à sa place les obligations de la solidarité sociale. (*Applaudissements sur les mêmes bancs.*)

Comment d'ailleurs le parti républicain chercherait-il à se dérober à ce devoir sacré?

Son intérêt le plus clair est engagé à son accomplissement. Dans un pays de suffrage universel, l'intérêt général exige que tous les électeurs deviennent de jour en jour plus capables de comprendre et de remplir les devoirs délicats et nombreux qui leur incombent. Il y va de la grandeur et de la prospérité de la nation que tous ses membres soient assez élevés au-dessus des premières nécessités de l'existence physique pour avoir le loisir et le pouvoir de s'arracher à la servitude de la tâche quotidienne, de réfléchir, de s'instruire, de vivre de la vie de l'esprit, d'être en un mot, dans toute la grandeur et la beauté des termes, des hommes et des citoyens. (*Applaudissements sur un grand nombre de bancs.*)

Tous nous sentons à cette heure quelle responsabilité pèse sur nous. Le Gouvernement a fait son devoir; il sait que vous remplirez le vôtre.

M. Gauthier (de Clagny). — Et le Sénat aussi?

M. le ministre. — Vous tiendrez une partie des engagements si souvent, si solennellement renouvelés à la face de la démocratie, en garantissant pour l'immense majorité des travailleurs la sécurité de ses vieux jours au vieillard dont un labeur ininterrompu a usé les forces.

Près d'atteindre le but que vous touchez de la main, vous oublierez, vous voudrez effacer toutes les dissidences de doctrine, toutes les préférences de système, pour assurer le vote d'un projet qui, sans compromettre aucune espérance, pose des principes féconds et donne des résultats immédiats.

Avant tout, messieurs, il faut aboutir; il faut, au prix de concessions nécessaires, réaliser une fois de plus l'accord du parti républicain et faire évanouir toutes les préoccupations secondaires devant la volonté d'inscrire enfin dans la loi la formule libératrice si longtemps attendue qui fera des travailleurs les créanciers légaux de la société. (*Applaudissements à gauche.*)

Ainsi, messieurs, vous aurez accompli une grande œuvre qui marquera profondément sa trace dans l'histoire de la démocratie française parce qu'en réparant, autant qu'aujourd'hui il dépend de vous, les iniquités d'un long et douloureux passé, vous aurez, au nom de la République, héritiers et continuateurs de la Révolution, ouvert devant les générations de demain les portes d'un avenir meilleur fait de justice et de bonté. (*Vifs applaudissements à gauche. — L'orateur, de retour à sa place, reçoit les félicitations de ses collègues.*)

## LA POLITIQUE SOCIALE
## ET LE PROJET DES RETRAITES

*Chambre des Députés, 29 Novembre 1905.*

M. Aynard avait reproché à la Commission de faire une loi qui grèverait l'industrie et le commerce de charges considérables.

A la thèse de l'obligation il opposait le système belge ou la liberté subsidiée.

M. Millerand, sans indiquer que ce système serait plus onéreux les premières années, rappela simplement que la liberté n'avait donné en France que des résultats pour ainsi dire négatifs. Sur mille établissements industriels, on n'en comptait qu'un seul qui eût créé des institutions de retraite.

Il demanda à M. Aynard, au lieu de s'enfermer dans une intransigeance absolue, d'apporter à la Commission l'appui de sa haute expérience des affaires pour l'aider à réaliser cette grande œuvre des Retraites, partie essentielle d'une politique sociale républicaine.

M. MILLERAND, *président de la Commission d'assurance et de prévoyance sociales.* — Personne, messieurs, — et la Commission moins que quiconque, — ne songera à reprocher à l'honorable M. Aynard d'avoir ajouté à la discussion générale le discours que nous venons de savourer. (*Très bien! très bien!*)

Sous la forme aisée et souriante qui lui est habituelle, notre honorable collègue vient d'opposer à la loi que vous discutez et à la politique dont elle est l'expression le plus irréductible des *non possumus*.

Vous me permettrez sans entrer dans le détail, d'y répondre en une très brève réplique.

Nous ne méritons pas, au banc de la Commission, le reproche spirituel encore qu'un peu contradictoire que M. Aynard nous a adressé, d'être à la fois des pontifes qui demandent à la Chambre de s'incliner devant une religion d'État et des improvisateurs qui sollicitent la collaboration de leurs collègues pour achever une loi ébauchée. Non, nous apportons à la Chambre une loi qui se tient, mais nous ne méconnaissons pas — comment le ferions-nous après les quinze ans d'études dont cette loi a été l'objet à la commission? — les difficultés énormes d'une pareille entreprise et nous acceptons avec gratitude tous les concours. L'honorable M. Aynard s'est bien gardé de nous apporter le sien. C'est la question préalable qu'il nous oppose.

Qu'il me permette de la discuter en quelques mots. Sans doute, je l'ai dit, et je n'éprouve nul embarras à le redire, le premier souci de tout homme politique digne de ce nom doit être le développement de la production nationale. Sans doute il serait contradictoire de vouloir réaliser des réformes sociales dans un pays qui s'appauvrirait; un Gouvernement digne de ce nom ne peut poursuive des réformes sociales sans avoir un plan financier; et je suis le premier, je le répète, avec mes collègues de la Commission, à solliciter à ce double point de vue les observations et les amendements. J'eusse été très heureux si l'honorable M. Aynard, avec son expérience consommée des affaires, avait bien voulu, au lieu de s'enfermer lui aussi dans sa tour d'ivoire, consentir à en descendre pour collaborer à la loi et indiquer les points sur lesquels des retouches étaient possibles. Ses principes ne le lui permettent pas, je m'incline en le regrettant.

On ne peut pas s'occuper de la production et de son développement sans s'occuper tout d'abord des producteurs eux-mêmes et de leur sort. (*Très bien! très bien!*)

Il nous faut, d'un même effort, chercher les moyens de rendre la production plus prospère et les producteurs moins malheureux. (*Très bien! très bien!*)

Vous avez, monsieur Aynard, qualifié cette loi d'ingénieuse combinaison politique. Si vous voulez dire par là qu'il y a derrière cette loi une politique, je suis le premier à le déclarer.

M. Aynard. — Je l'ai reconnu!

M. le président de la Commission. — Je vous

demande d'en préciser la pensée. Je l'ai toujours dit, et je le répète aujourd'hui avec plus de conviction que jamais, j'estime qu'il nous est impossible de déserter les réformes sociales. (*Applaudissements.*)

Pour les réaliser, il y a deux écoles : il y en a une que je me permettrai d'appeler l'école catastrophique (*Très bien! très bien!*) ; je n'y appartiens pas, je n'y ai jamais appartenu, je n'attends pas d'une révolution soudaine le miracle qui réalisera le bonheur du peuple. (*Applaudissements.*)

Je crois au contraire que c'est par nos efforts prolongés, pacifiques et incessants que, peu à peu, non sans difficultés, nous arriverons à réaliser chaque jour un peu plus de bien autour de nous. (*Applaudissements.*)

C'est à cette politique que je demande à tous nos collègues de s'associer.

Et qu'on m'entende bien : il n'a jamais été dans ma pensée, ni dans celle d'aucun des partisans de cette politique, de proposer, directement ou indirectement, au peuple de vendre son droit de souveraineté politique et sociale pour un plat de lentilles ; nous ne faisons pas de la politique usuraire, nous n'attendons pas de reconnaissance pour les réformes au succès dequelles nous travaillons. Nous nous efforçons de les réaliser parce que nous les croyons bonnes à notre pays.

Il se peut que, demain comme hier, les efforts

que nous faisons soient méconnus, que les résultats obtenus soient niés; que nous importe si nous sommes convaincus d'être dans la vérité et dans la justice? Nous nous en rapportons à l'avenir du soin de nous justifier. (*Applaudissements.*)

Aussi permettez-moi de vous dire, monsieur Aynard, avec quel regret je vois des hommes de votre valeur combattre cette politique d'une façon si passionnée et, — souffrez que j'ajoute, sans vouloir en rien vous froisser, — si aveugle.

Le spectacle, d'ailleurs, n'est pas nouveau. Ce n'est pas d'aujourd'hui que nous voyons la politique de résistance faire écho à la politique de surenchère; il s'agit de savoir si la majorité de cette Chambre, si le parti républicain, conscient de ses devoirs et de sa responsabilité, se laissera détourner de la route où il marche et du but qu'il doit atteindre par les reproches contradictoires qui lui sont adressés. Au début de cette discussion, depuis qu'elle se poursuit et jusqu'à la dernière heure, vous avez entendu, vous entendrez tour à tour, parfois au même moment, les uns vous dire : « Vous ne faites rien, ce que vous réalisez est illusoire! »

M. PAUL CONSTANT (Allier). — Absolument! Je le démontrerai à la tribune.

M. LE PRÉSIDENT DE LA COMMISSION. — C'est entendu!

Et l'écho de répondre : « Vous faites une loi

qui pèsera d'un poids intolérable sur les finances et sur l'industrie de ce pays : loi tyrannique, loi inacceptable ! »

Si, messieurs, vous étiez assez faibles pour, un instant, prêter l'oreille à l'une ou à l'autre de ces voix, sans doute vous échapperiez au reproche d'avoir fait une loi si durement attaquée; sans doute vous pourriez, auprès du corps électoral, vous couvrir de l'excuse facile de l'avoir repoussée, parce qu'elle était insuffisante. Vous n'auriez rien fait! (*Applaudissements.*)

Eh bien! c'est l'avertissement qu'une fois de plus, et probablement pas la dernière, j'apporte à cette tribune sous ma responsabilité.

L'œuvre que nous faisons est imparfaite, soit! une œuvre humaine, mais une œuvre. Nous ne pouvons pas, monsieur Aynard, nous contenter des résultats dont vous parliez tout à l'heure et qu'avec vous je salue volontiers au passage.

Lorsqu'on voit, pour prendre un chiffre, que sur mille établissements soumis à l'inspection du travail, il n'en est qu'un qui ait créé des institutions de retraites pour la vieillesse, on peut, on doit sans doute s'incliner devant ces efforts individuels, mais il faut en même temps reconnaître qu'ils sont insuffisants.

Vous nous reprochez d'être des professeurs de vertu. Que non pas! Notre ambition est d'accroître dans la classe ouvrière la sécurité et le bien-être, éléments indispensables de l'accroissement de la moralité. (*Applaudissements.*)

Lorsque vous signaliez tout à l'heure un fléau que tout le monde ici déplore avec vous, celui de l'alcoolisme, vous auriez pu vous rappeler qu'il existe à l'heure actuelle, à l'extérieur et à l'intérieur de nos frontières, des ouvriers qui ont commencé une lutte courageuse contre l'alcoolisme. Qui sont-ils? Sont-ce les plus misérables des travailleurs, réduits à des salaires insuffisants, sans loisirs et sans instruction? Non! ce sont des ouvriers déjà organisés et conscients, jouissant d'un peu de bien-être et de sécurité. Ils en ont profité pour prendre la tête du mouvement, s'efforcer d'instruire et d'élever leurs compagnons de labeur. (*Applaudissements.*)

La loi que nous vous soumettons prétend, pour une part, réaliser dans la condition du prolétariat un progrès matériel et moral. Tout le monde ici devrait s'accorder pour la mener à bien. Si nous ne pouvons pas espérer obtenir l'unanimité toujours si difficile à réaliser, j'ai du moins la confiance que la majorité de la Chambre ne se laissera ni détourner ni surprendre, qu'ayant commencé l'œuvre difficile mais nécessaire que nous avons mise sur le chantier, elle tiendra à honneur d'aller jusqu'au bout.

Voilà pourquoi, monsieur Aynard, nous ne pouvons pas être avec vous; nous ne pouvons pas être avec ceux qui disent : « Nous n'avons rien à faire... »

M. Aynard. — Pardon !...

M. le président de la Commission. — Entendons-nous « ... nous n'avons rien à faire qu'à reconnaître et à encourager les efforts individuels. » Je les salue comme vous, je les honore comme vous, mais je suis obligé de constater leur insuffisance et, l'ayant constatée, d'y remédier.

Nous avons dans ce but préparé le projet que nous vous soumettons. Je demande à la Chambre de continuer à nous suivre. (*Applaudissements.*)

## LES OUVRIERS ÉTRANGERS

*Chambre des Députés*, 25 *Janvier* 1906.

Les paragraphes 2 et 3 de l'article 4 de la loi des retraites prévoient que les ouvriers et employés étrangers immatriculés et résidant en France sont soumis au même régime que les ouvriers français. Mais pour qu'ils bénéficient des versements patronaux et de la majoration de l'État, il est stipulé que les dispositions de la loi doivent être appliquées, en tout ou en partie, à nos nationaux dans leurs pays respectifs.

M. Vaillant demandait, par un amendement, la suppression de ces deux paragraphes, toute distinction entre les ouvriers nationaux et les ouvriers étrangers devant être, à ses yeux, abolie.

L'auteur de l'amendement invoquait à l'appui de sa thèse une résolution présentée par M. Millerand qui avait été adoptée au Congrès international pour la protection légale des travailleurs, tenu à Bâle en 1904.

M. Millerand répondit qu'il était toujours favorable au principe dont il s'était fait le défenseur au Congrès de Bâle. La Commission n'y était pas non plus hostile, puisqu'elle l'avait énoncé dans la loi. Mais il lui paraissait d'une prudence élémentaire d'exiger la réciprocité, alors que la France, pays non migrateur, s'imposait déjà des sacrifices très supérieurs aux autres puissances.

La Chambre se rangea à cette manière de voir par 426 voix contre 98.

M. Millerand, *président de la Commission d'assurance et de prévoyance sociales.* — M. Vaillant a bien voulu rappeler qu'au Congrès de Bâle, d'accord même avec le délégué allemand, j'avais présenté une proposition de résolution qui exprime en effet, selon moi, l'idéal vers lequel doivent tendre toutes les législations nationales. Cette proposition sera reprise, cette année, au prochain Congrès de l'Association internationale pour la protection légale des travailleurs.

Mais, à mon avis, si nous devons nous approcher chaque jour davantage du but, ce ne peut être que par des conventions internationales. Le Gouvernement français, d'ailleurs, s'est engagé dans cette voie. C'est ainsi qu'une convention a été passée avec le Gouvernement italien, en vue de régler les questions que soulève la réparation des accidents du travail, si je ne me trompe; la convention contient, en outre, des dispositions relatives notamment aux caisses d'épargne, etc.

Je crois que tous les efforts du Gouvernement de la République doivent tendre à multiplier ces conventions : Que l'on veuille bien le remarquer, même en signant ces accords, la France s'impose des sacrifices certains, attendu que la France est, en fait, un pays d'émigration restreinte; lorsqu'elle accorde à la Belgique et à l'Italie, qui envoient, chaque année, sur notre sol des centaines de milliers de leurs nationaux, le même traitement que ces pays font aux Français, elle prend, en réalité, des engagements, assume des obligations bien plus considérables que les pays avec lesquels elle traite.

Je crois que nous ne pouvons pas aller plus loin sans faire, passez-moi le mot, un marché de dupe. Autant je suis convaincu que notre législation doit être inspirée par les principes de solidarité et de philanthropie les plus larges, autant je pense qu'il ne faut, à aucun moment, perdre de vue nos intérêts propres. Il me paraît que nous sauvegardons les uns et les autres en déclarant que, sans comparer les dépenses qui en résulteraient, nous sommes prêts à faire aux étrangers le même traitement qu'à nos propres nationaux, mais que nous ne le ferons pas si, à nos ouvertures, les pays étrangers répondent qu'ils sont résolus à ne pas appliquer la règle de la réciprocité. Il me paraît que c'est là une vérité élémentaire, et qu'aller plus loin serait commettre une faute certaine.

C'est pourquoi nous avons le regret de ne pouvoir accepter l'amendement de M. Vaillant, au principe duquel nous sommes, d'ailleurs, je le répète, tout à fait favorables, puisque nous l'avons énoncé dans la loi, de même que le Parlement l'a incorporé, il y a un an, dans la loi sur les accidents du travail. (*Très bien! très bien!*)

## SYNTHÈSE DU PROJET

*Chambre des Députés*, 22 *Février* 1906.

La Chambre des députés, qui avait consacré presque toutes ses séances du matin, depuis les premiers jours du mois de novembre, à l'examen du projet de loi sur les retraites ouvrières, en était arrivée au vote sur l'ensemble des articles.

Le ministre des Finances, tout en faisant des réserves sur certaines dispositions introduites au cours de la discussion, ne s'opposa pas à l'adoption du projet.

L'opposition, par l'organe de M. Jules Roche, tenta de démontrer l'impossibilité d'aboutir à un résultat sérieux et pratique en même temps qu'étaient signalées les répercussions financières qu'entraînerait pour le commerce et l'industrie l'application de la loi.

M. Millerand, en présence de ces critiques, jugea opportun de résumer le mécanisme de la loi et de justifier l'œuvre de la Commission et de la Chambre.

Son discours produisit une telle impression que ses collègues MM. Louis Martin, Buyat, Siegfried, Devins, Defontaine, Empereur, Saumande, Astier, Klotz, Colliard, Maurice Colin, V. Fort, Ferdinand Buisson, Cazeneuve en demandèrent l'affichage qui fut ordonné par la Chambre.

M. Millerand, *président de la Commission d'assurance et de prévoyance sociales.* — Je ne monte pas à la tribune pour répondre à M. le ministre des Finances, surtout après les dernières paroles qu'il a prononcées. Je me contenterai de dire après lui qu'entre les prévisions du Gouvernement et celles de la Commission, telles qu'elles ont été formulées par l'honorable M. Guieysse, on ne peut pas juger aujourd'hui avec certitude de quel côté est la vérité.

Mais au point où en est la discussion, à l'heure où la Chambre touche au terme de débats si laborieux et qui lui font tant honneur, vous me permettrez de répondre brièvement aux reproches si graves, formulés au reste avec tant de courtoisie, de l'honorable M. de Ramel, dont M. Arnal a repris aujourd'hui la thèse, de l'honorable M. Charles Benoist, dont je connais d'ailleurs la sympathie agissante pour les réformes sociales, enfin de l'honorable M. Jules Roche.

La loi, selon eux, serait une simple manifestation si, en regard des dépenses qu'elle provoque, vous n'y inscriviez pas les recettes correspondantes; elle serait une ébauche dont les dessous à peine sont indiqués; elle serait enfin une tentative faisant grand honneur à la générosité d'esprit et de cœur de ses auteurs, mais condamnée par l'expérience à un avortement fatal, et qui, d'ailleurs, si par malheur elle venait à aboutir, serait pour notre commerce et notre industrie le signal de la ruine.

Est-il vrai que si vous ne doublez pas la loi des retraites d'une loi de finances, vous ne fassiez qu'une simple et vaine manifestation?

Permettez-moi d'abord de m'étonner qu'on exige de la loi que vous votez ce qu'on n'a pas imposé à d'autres réformes non moins graves et non moins coûteuses. (*Applaudissements à gauche.*) Le jour où le ministre des Finances, prédécesseur de l'honorable M. Merlou, a été entendu par la Commission, M. Rouvier a le premier rappelé que, lorsque le Parlement républicain avait voté les lois sur l'Enseignement, il n'avait pas jugé nécessaire de voter en même temps les ressources correspondantes.

M. JAURÈS. — C'est très vrai!

M. LE PRÉSIDENT DE LA COMMISSION. — Pourquoi? Parce que c'eût été une méthode mauvaise et, à vrai dire, frappée d'impuissance. Sans doute, les réformes de la nature et de la portée de celle que vous étudiez en ce moment appellent les réformes financières; mais, à vouloir faire en même temps les unes et les autres, vous prendriez le chemin le plus sûr pour ne faire aboutir ni les unes ni les autres. (*Très bien! très bien! à gauche.*)

La loi des retraites est d'ailleurs assez malaisée, assez complexe pour qu'on ne cherche pas à la compliquer de questions qui lui sont étrangères; si malaisée et si complexe, qu'on nous a accusés d'avoir, en fin de compte, bâti je ne sais quoi d'informe, qui n'a de nom dans aucune législation.

Est-ce exact et un reproche si dur est-il mérité?

Pour en juger, il faut jeter de haut et d'ensemble un regard sur l'œuvre que vous venez d'édifier. Quelle en est la synthèse? Tous les salariés de France — 12 millions au bas mot — vont se voir constituer à soixante ans une retraite qui, formée par un prélèvement de 2 p. 100 sur leurs salaires et par une cotisation égale de leurs employeurs, est, si elle n'atteint pas 360 francs, portée à cette somme par une majoration de l'État. Tous les ouvriers dont le salaire quotidien n'atteint pas 1 fr. 50 sont dispensés de prélèvement. Voilà le régime des retraites obligatoires.

A l'instant même où la loi entre en application, elle répare, dans la mesure du possible, les injustices du passé, en accordant à tous les vieillards de soixante ans et au-dessus une retraite de 120 francs, qui, pour les travailleurs âgés, au moment de la promulgation de la loi, de cinquante-neuf à trente-cinq ans est, en vingt-cinq ans et par cinq paliers successifs, portée de 120 francs au minimum légal de 360 francs.

Et, trait caractéristique qui donne à cette loi une singulière valeur sociale, aucune différence n'est établie entre les travailleurs des villes et les travailleurs des champs. (*Applaudissements à gauche et à l'extrême gauche.*)

La République fait à tous le même sort, assure à tous les mêmes garanties. Je me trompe : si elle manifeste une préférence, c'est en faveur de l'agriculture (*Très bien! très bien!*); aux colons partiaires, aux métayers, aux fermiers elle donne, s'ils ne font pas une déclaration contraire, la participation aux retraites obligatoires. Les retraites facultatives sont largement ouvertes, avec les majorations de l'État correspondantes, aux petits patrons, aux petits commerçants, aux petits cultivateurs.

Faisant une loi d'assurance sociale, vous ne pouviez pas négliger ceux qui ont été les pionniers de la prévoyance. La mutualité reçoit de vous des faveurs aussi légitimes qu'indiscutables. En même temps que vous fondez l'assurance contre la vieillesse, vous favorisez, dans des proportions jusqu'alors inconnues, l'assurance contre la maladie.

M. Jaurès. — Très bien!

M. le président de la Commission. — En conférant à la mutualité des avantages certains, vous créez par là même l'amorce d'une loi sociale nouvelle. (*Applaudissements à gauche et à l'extrême gauche.*)

Peut-on dire qu'une telle loi ne soit qu'une ébauche?

Une proposition qui renferme tant de dispositions tutélaires et surtout un système si nettement et si fortement assis ne mériterait pas le nom de loi? Ce serait une injustice criante de le prétendre.

N'oubliez pas en outre qu'en dehors du mécanisme essentiel de la loi, on y trouve un avantage accessoire qui n'est certes pas indifférent; je veux parler de la disposition qui, dès le jour de sa promulgation, assure à toute famille ouvrière de France qui voit disparaître son chef le secours immédiat et prolongé de l'État.

Non, messieurs, une loi qui contient des dispositions de cette nature ne mérite pas les critiques excessives qu'on lui a adressées. (*Très bien! très bien! à gauche.*)

Sans doute, elle peut être retouchée, elle peut être améliorée; ce sera le devoir du Gouvernement de prendre l'initiative et la responsabilité des modifications utiles et possibles qui, dans la législature prochaine, doivent préparer et assurer l'entente entre les deux Chambres.

Dès aujourd'hui, et sans prévoir l'avenir, nous avons le droit de dire qu'un grand résultat est acquis.

N'est-ce donc rien, messieurs, après les vingt-cinq années dont parlait hier M. de Ramel, en dépit de tant d'obstacles de toute nature accumulés sous nos pas, n'est-ce donc rien d'être parvenus à mettre sur pied une loi telle que celle dont, d'une manière bien imparfaite et bien incomplète, je viens d'esquisser les grandes lignes?

On ne dit pas que ce ne soit rien; et l'honorable M. Jules Roche a rendu à la Commission un hommage qui l'a profondément touchée; mais il s'est empressé d'ajouter que la tentative qu'elle faisait était une tentative impossible, condamnée par l'expérience et par les faits.

« Voyez autour de vous, disait-il : chez nous les grandes sociétés de crédit, les Compagnies de chemins de fer; au dehors, l'Angleterre avec sa seule loi d'assistance, l'Allemagne avec sa loi de retraites : toutes ont été débordées, toutes ont vu leurs prévisions déçues, leurs calculs déjoués. »

L'honorable M. Guieysse, avec la compétence particulière qui est la sienne, a répondu d'un mot à ces arguments. Voulez-vous me permettre de compléter d'une simple observation la réponse qu'il a déjà opposée?

Fidèle à la méthode qu'il affectionne, l'honorable M. Jules Roche s'est défendu de construire aucun système, de hasarder aucune hypothèse; il a prétendu ne nous apporter que des faits.

Dans son souci d'analyser et de scruter les faits et les chiffres qu'il faisait défiler sous nos yeux, il me semble bien avoir laissé passer, sans le voir, de tous ces faits le plus considérable, celui qui domine de haut toutes ces discussions, c'est le fait que partout, à l'heure actuelle... (*Applaudissements à gauche et à l'extrême gauche*) le même souci qui nous anime inspire nos voisins.

Ce n'est pas seulement l'Allemagne qui a fait une loi de retraites et qui, certes, ne songe pas à y renoncer; c'est la prudente Angleterre qui, malgré les déceptions que lui aurait causées sa loi sur l'assistance, a mis à l'étude, depuis de longues années déjà, une loi sur les retraites dont les récents événements politiques ne manqueront pas, selon toute vraisemblance, de hâter l'examen et l'adoption. (*Applaudissements sur les mêmes bancs.*)

C'est là un phénomène bien digne, j'imagine, de retenir notre attention. Il ne se passe pas dans un pays de rêves, dans la cité des oiseaux donc vous parliez hier. Il se produit à nos portes, chez les peuples les plus pratiques dont, nous ne le savons que trop, l'industrie et le commerce sont le plus florissants.

Ah! si nous étions condamnés à opter entre la misère des vieux travailleurs et la fortune du pays, si l'une était la rançon de l'autre, ce serait pour notre foi républicaine une bien cruelle épreuve.

Devrions-nous donc renoncer pour longtemps, sinon pour toujours, à se voir réaliser notre idéal : l'adaptation des conditions économiques à notre régime démocratique?

Il n'en est rien, messieurs. Quelles dépenses méritent mieux le nom de productives que, par définition même, celle qui ont pour but d'accroître la valeur du producteur? (*Très bien! très bien!*)

M. Jules Roche. — Je demande la parole.

M. le président de la Commission. — L'honorable M. Jules Roche nous reprochait, en trouvant d'ailleurs à notre égarement des excuses, de céder à des considérations sentimentales. Il se trompait. La misère n'émeut pas seulenent notre sensibilité, elle indigne notre raison. (*Applaudissements à gauche.*)

C'est parce que nous sommes ardemment dévoués à la grandeur de notre pays, c'est parce que nous ne mettons rien au-dessus, que nous voulons, d'une volonté passionnée, tout faire pour augmenter sans cesse la valeur matérielle, intellectuelle et morale de ses enfants. (*Très bien! très bien!*)

Que M. Jules Roche me permette de le lui dire : sans doute la majorité des industriels élève contre la loi des retraites les mêmes critiques et manifeste les mêmes appréhensions que leur inspirait la loi contre les accidents. (*C'est cela. — Très bien! à gauche.*)

Mais heureusement il est des exceptions, et des plus notables. Au cours de ces longs débats, j'ai eu l'occasion de vous citer l'opinion si nette de la Chambre de Commerce de Marseille, celle aussi d'un très distingué membre de la Chambre de Commerce de Paris, M. Sciama, auteur d'une étude des plus dignes d'attention sur l'emploi des ressources accumulées pour les retraites ouvrières. Il estime que la moitié de ces 20 milliards — qui excitaient hier chez notre honorable collègue de si vives appréhensions — pourrait, grâce à la loi nouvelle, sous l'impulsion et le contrôle désintéressés et autorisés de la Fédération des Chambres de Commerce, servir, par une innovation heureuse, aux entreprises et à l'industrie nationales, au lieu, comme c'est trop souvent la coutume de l'épargne française, d'aller au dehors courir les hasards des placements étrangers. (*Applaudissements à gauche.*)

Dans cette conception, la loi des retraites se trouverait en même temps assurer la sécurité de l'ouvrier et favoriser l'industrie et la prospérité du patron. (*Très bien! très bien!*)

Nous voilà loin, n'est-il pas vrai, des prédictions sinistres dont nous attristait hier l'honorable M. Jules Roche. Nous voilà loin aussi de sa conclusion ; il nous demandait, sous l'euphémisme aimable du retrait de l'urgence, de voter le rejet de la loi...

M. Jaurès. — Très bien!

M. le président de la Commission. — Suivre un tel avis, ce ne serait pas seulement faillir à des engagements solennels et réitérés; ce serait tourner le dos à la politique qui est, dès aujourd'hui, et qui sera surtout dans la législature prochaine, la politique nécessaire du parti républicain. (*Applaudissements à gauche.*)

La République a réalisé, pour une grande part, le programme politique de la démocratie. (*Très bien! très bien!*)

Elle a donné à ce pays les libertés de presse, de réunion, d'association qui sont l'instrument nécessaire du fonctionnement normal des institutions libres. Elle lui a donné la gratuité et l'obligation de l'enseignement, qui sont le corollaire indispensable du suffrage universel.

Vous avez maintenant à poursuivre la réalisation du programme social de la République. (*Applaudissements à gauche et à l'extrême gauche.*) Il y va de la paix intérieure de ce pays, de sa prospérité et de sa grandeur. Ainsi seulement vous pouvez espérer lui épargner les troubles et les convulsions dont nous devons tout faire pour le sauver. (*Nouveaux applaudissements sur les mêmes bancs.*)

La loi que nous vous demandons d'adopter est une loi de civilisation et de paix; c'est une victoire nouvelle de l'esprit de prévoyance et de solidarité; son vote marquera un pas de plus vers l'accomplissement intégral de notre rayonnant idéal républicain.

Quelles que soient les critiques que l'esprit de système puisse diriger contre son principe, quelles que soient les améliorations dont ses détails soient susceptibles, telle quelle, Messieurs, la loi des retraites est une grande œuvre dont vous avez le droit d'être fiers. (*Vifs applaudissements à gauche, à l'extrême gauche et sur divers bancs au centre. — L'orateur, de retour à son banc, reçoit les félicitations de ses amis.*)

# VII

# LA MUTUALITÉ

## LE PROJET DES RETRAITES DEVANT LA MUTUALITÉ

*Bordeaux*, 20 *Octobre* 1906.

L'Union départementale des Sociétés de secours mutuels de la Gironde tint ses assises annuelles à Bordeaux, le 20 octobre 1906. A l'issue de ses travaux, que présida M. Millerand, une manifestation mutualiste avait été organisée.

Le rôle de la Mutualité dans l'organisation des retraites ouvrières et paysannes, tel fut le thème du discours de l'ancien président de la Commission d'assurance et de prévoyance sociales, qui avait réussi, grâce à sa ténacité, à faire voter le projet de loi par la Chambre avant la fin de la législature précédente.

M. Millerand s'attacha à mettre en lumière les

encouragements et les avantages que contient le projet en faveur des Sociétés de secours mutuels.

MESDAMES, MESSIEURS,

En me rendant dans cette belle ville de Bordeaux, si riante et si hospitalière, où, quant à moi, je ne reviens jamais sans un profond sentiment d'allégresse, je savais bien quel accueil fraternel m'y attendait. Je ne pouvais pas deviner quel spectacle me serait offert et quelles leçons j'allais recueillir.

Devant cette admirable Assemblée, convoquée ici par les mutualistes de la Gironde, laissez-moi dire quelle reconnaissance j'éprouve pour cette mutualité girondine qui, ce matin, dans une réunion moins solennelle et moins éclatante à coup sûr que celle-ci, mais non moins instructive, a déroulé devant mes yeux tout ce que peut donner l'initiative privée mise au service d'une grande idée.

Quelques-uns, à certains moments, se sont parfois demandé si la mutualité méritait tous les éloges qu'on en faisait et si, dans les acclamations qu'on lui prodiguait, il n'entrait pas, voulez-vous me passer le mot?... un peu de snobisme; si l'on n'applaudissait pas la Mutualité parce que l'inspiration en était bonne et pour faire comme tout le monde, mais si, au fond, elle était digne de tant d'appréciations flatteuses.

Eh bien, j'aurais voulu que ces sceptiques ou ces incrédules pussent assister ce matin, comme il m'a été donné de le faire, au compte rendu si simple, et par cela même si éloquent, qui a été donné de toutes les œuvres que les Sociétés de secours mutuels dans ce pays de la Gironde ont accumulées depuis quelques années.

Ils eussent été comme moi saisis d'admiration et ils eussent compris alors ce que, pour ma part, j'ai depuis longtemps aperçu, c'est que dans ce pays il est impossible d'accomplir une œuvre sociale de quelque envergure si l'on ne s'appuie sur la mutualité. (*Applaudissements.*)

Lorsqu'une idée a, dans un seul département comme celui-ci, fait germer sept cent quatre-vingts Sociétés; lorsqu'une Union comme la vôtre a provoqué l'éclosion de tant d'œuvres importantes répondant chacune à un besoin précis; lorsqu'on a vu l'enthousiasme provoqué par ce spectacle et surtout lorsqu'on a sent quelle était, sous cet enthousiasme du jour, la continuité tenace des efforts, on sent qu'il n'est pas permis de traiter en quantité négligeable une pareille force, et que si l'on ne lui fait pas comprendre l'idéal qu'on sert, si l'on ne lui fait pas partager les idées, les espoirs qui vous animent, on est condamné par avance à l'impuissance. (*Applaudissements.*)

Comment ne les partagerait-elle pas? Ces sociétés mutualistes, par leur création même, par l'idée qui les inspire, par le mouvement qui les porte, sont heureusement condamnées à servir dans l'avenir toutes les idées généreuses de solidarité.

Et voilà pourquoi, dès la première heure, les hommes qui se sont attelés à cette œuvre dont on vous parlait tout à l'heure, et sur laquelle je vous demanderai la permission de retenir quelques instants votre attention, ont été convaincus à la fois que l'on ne ferait pas les retraites ouvrières sans la mutualité et que la mutualité ne pourrait pas refuser son concours à l'œuvre qui la sollicite. (*Applaudissements.*) Non, il n'était pas possible que ceux qui ont été depuis tant d'années les pionniers, dans ce pays, de l'idée de prévoyance et de solidarité, lorsqu'on est venu leur dire : « Nous vous demandons votre appui pour appeler à la prévoyance ceux qui en ont été jusqu'à présent écartés, pour étendre les bienfaits de la prévoyance aux foules laborieuses et misérables qui, jusqu'à présent, ne les ont pas connus », que ces précurseurs répondissent : « Non, nous ne voulons pas vous connaître, nous nous renfermons égoïstement dans l'œuvre que nous avons faite, nous ne voulons pas l'étendre. » Cela n'était pas possible, et cela ne s'est pas produit.

Aussi, lorsque nous nous sommes tournés vers des hommes comme les Mabilleau, les Cavé, les Guist'hau; comme votre président,

M. Pierre Lacroix, que je suis heureux de saluer en ce moment, pour leur demander leur concours, ils ne se sont pas bornés à nous le promettre, ils se sont appliqués à convaincre leurs amis, leurs collègues qu'en effet la Mutualité ne pouvait pas rester sourde à l'appel qui lui était adressé.

Ils nous ont simplement demandé — et quel vœu plus légitime? — de ne rien faire qui pût je ne dirai pas compromettre, mais diminuer l'œuvre admirable déjà créée par l'initiative privée.

Nous leur avons répondu en prenant l'engagement d'honneur de faire à la mutualité la place privilégiée qui lui appartenait de droit dans l'œuvre nouvelle. Nous avons dit à la Mutualité, qui se fiait à nous : « Vous pouvez venir sans crainte, nous ne sommes ni des perfides, ni des insensés; au moment où nous nous proposons de faire lever sur ce sol de France une moisson nouvelle d'œuvres de prévoyance et de solidarité, nous ne commettrons point la folie d'abattre au ras du sol les œuvres admirables que vos efforts y ont déjà fait surgir. » (*Applaudissements.*)

Ils ont eu confiance en nous, et je suis bien heureux de saluer aujourd'hui chez elle la Fédération du Sud-Ouest, qui la première a accepté, quelques mois avant le Congrès de Nantes, l'idée d'obligation. Le Congrès de Nantes a, sur la proposition de M. Mabilleau, pour la première fois, proclamé publiquement, dans les assises de toute la mutualité française, qu'il n'était pas hostile à l'obligation.

Le Congrès des retraites, qui s'est tenu en juin 1905, a répété la même manifestation, et j'ai eu, quant à moi, président de la Commission d'assurance et de prévoyance sociales, la joie profonde, à l'heure où s'ouvrait devant la Chambre la discussion générale de la loi des retraites ouvrières, de recevoir dans les couloirs du Palais-Bourbon Mabilleau, accompagné de Cavé et d'Halinbourg, qui venaient nous apporter à Guieysse, rapporteur de la loi, et à moi une déclaration que Guieysse portait quelques instants plus tard à la tribune, et par laquelle la Mutualité, publiquement, donnait son concours à l'œuvre nouvelle. (*Applaudissements.*)

Ce concours loyalement offert, nous l'avons loyalement accepté, et la sauvegarde légitime qu'on nous demandait de faire figurer dans la loi, nous l'y avons inscrite.

Vous savez qu'avant de se séparer, la dernière législature a voté le projet de loi sur les retraites ouvrières. Je voudrais devant cette admirable Assemblée mutualiste résumer en quelques traits ce que le projet des retraites ouvrières sorti des délibérations de la Chambre accorde à la mutualité, dire quelle place il lui fait, quelles perspectives il lui ouvre. Et quand je vous aurai rappelé en quelques mots ses dispositions essentielles, je suis bien sûr du jugement que vous porterez. Je sais que, tout en demandant peut-être sur tel ou tel point une modification de détail, nous serons d'accord pour reconnaître que la Mutualité obtient, en effet, dans la loi nouvelle, la place privilégiée qui lui était due et qu'elle est, de par la loi, l'instrument préféré, parce que préférable, des retraites de vieillesse. (*Vifs applaudissements.*)

Toutes les dispositions relatives à la mutualité sont contenues, de l'article 11 à l'article 15, dans le paragraphe premier du titre II : « Des retraites assurées par les Sociétés de secours mutuels. »

Quelle est l'économie de ce titre? La voici en deux mots : d'abord, toutes les Sociétés de secours mutuels peuvent être, si elles le désirent, les intermédiaires des retraites, et, bien entendu, si elles réclament cet office, elles ont droit aux versements dus à tout intermédiaire pour le service qu'il rend.

Que si, ne se contentant pas de ce rôle d'intermédiaires, elles veulent elles-mêmes faire la retraite, elles en ont le droit. Une seule condition essentielle leur est imposée, en vérité bien naturelle : c'est que, recevant des assurés les mêmes cotisations qui seraient versées à la Caisse de l'État, elles garantissent, tout comme la Caisse de l'État, le même chiffre de retraite.

Voilà la première partie de ce titre, qui concerne les Sociétés de secours mutuels envisagées au seul point de vue retraite. Voici maintenant ce qui peut-être, non seulement à vos yeux, mais au point de vue général, pour la préparation de l'avenir, est de beaucoup le plus intéressant et le plus important. Après que l'article 11 a ainsi réglé ce qui concerne les Sociétés de secours mutuels qui ne font que la retraite, les articles 12 et 13 s'occupent des Sociétés de secours mutuels qui, en même temps que la retraite, font l'assurance-maladie. Ils s'en occupent pour leur créer une situation privilégiée, pour pousser dans leurs rangs tous les travailleurs non encore affiliés et auxquels demain la loi va procurer des avantages indéniables s'ils consentent à s'inscrire à une Société de secours mutuels pour le service maladie.

En même temps, en effet, que ces ouvriers non encore adhérents aux Sociétés de secours mutuels verseront les 2 p. 100 exigés par la loi pour se constituer la retraite de vieillesse, il leur suffira de déclarer qu'ils entendent prélever la moitié de leurs versements, soit 1 p. 100, et l'affecter à la cotisation maladie, pour que leur situation soit la suivante : en versant une somme dont la moitié leur assure le service maladie, dont l'autre moitié va à la retraite, ils se trouvent à l'âge de soixante ans dans la même situation, au point de vue retraite, que le non-mutualiste qui aura versé l'intégralité de ses 2 p. 100 à la seule retraite vieillesse. Autrement dit, l'ouvrier mutualiste qui de son versement aura fait deux parts, l'une pour la retraite vieillesse, l'une pour le service maladie, par la Société de secours mutuels, se trouvera à soixante ans traité par l'État, au point de vue du complément de sa retraite, exactement comme le non-mutualiste qui aura versé ses 2 p. 100, soit deux fois plus, à la retraite vieillesse. Le mutualiste aura la même retraite que son camarade et, en plus, il sera pendant toute sa vie assuré contre la maladie par la Société de secours mutuels sans plus débourser, au total, que le non-mutualiste.

Ce n'est pas tout; la loi prévoit un crédit budgétaire annuel employé à subventionner les Sociétés de secours mutuels de la façon suivante : ce crédit sera réparti entre les Sociétés de manière que les petits salariés dont le salaire annuel ne dépasse pas 1.000 francs voient diminuer le montant de leur cotisation maladie : procédé nouveau pour la loi d'encourager l'assurance-maladie, de pousser dans les Sociétés de secours mutuels les ouvriers qui n'y sont pas encore. Ainsi cette loi des retraites pour la vieillesse, au sujet de laquelle on nous accuse parfois de ne prévoir et de n'encourager qu'un mode de prévoyance en négligeant tous les autres, réfute de la façon la plus victorieuse ce reproche puisque, en même temps qu'elle assure à tous les travailleurs une retraite vieillesse minima de 360 francs, elle crée vraiment l'amorce d'une nouvelle assurance, l'assurance-maladie, et donne aux Sociétés de secours mutuels qui font ce service maladie des subventions qui jamais n'auront été mieux méritées. (*Applaudissements.*)

Voilà, très brièvement résumés, quelques-uns des avantages que la loi assure aux Sociétés de secours mutuels; ce ne sont pas les seuls.

On a parfois exprimé la crainte que les Sociétés de secours mutuels ne fussent éclipsées, si je puis me servir de ce terme, par les organes officiels, par les caisses administratives. L'article 15 est fait pour dissiper cette crainte. Non seulement toutes les Sociétés de secours mutuels qui font le service des retraites remplissent de plein droit, sur leur demande, pour leurs assurés le rôle des agences communales et cantonales des caisses départementales, mais partout où une Union départementale aura groupé plus des deux tiers des assurés du département, la caisse officielle disparaît, et c'est la mutualité et la mutualité seule qui fait le service des retraites.

N'avais-je pas le droit de dire que la loi fait aux Sociétés de secours mutuels, dans le service des retraites pour la vieillesse, la large part, la part privilégiée qui leur est due? La loi ne se contente pas d'amorcer l'assurance-maladie, en même temps qu'elle crée l'assurance-vieillesse; elle va plus loin; il y a un certain article 7 qui dit que lorsque la retraite de vieillesse éventuelle dépasse 360 francs, le travailleur pourra, à la campagne par exemple, affecter la valeur actuelle du surplus à l'acquisition d'un bien de famille qui deviendra de plein droit inaliénable et insaisissable, si bien que cette même loi sur les retraites crée également l'amorce de cette grande réforme rurale, appelée des vœux de tous, qui est la constitution du bien de famille, la mise aux mains du travailleur agricole, du petit propriétaire, de l'ouvrier, de son instrument de travail, du petit bien sur lequel il peine, et dont la loi désormais lui garantit la possession paisible, sans que ni le fisc ni ses créanciers puissent l'en expulser, la loi rendant inaliénable et insaisissable le morceau de terre qu'elle tient pour instrument indispensable à la vie, à la subsistance du père de famille et des siens. (*Applaudissements. Approbation.*)

J'ai donc le droit de dire que cette loi sur les retraites ouvrières n'a pas la portée étroite, j'allais dire mesquine, qu'on lui a parfois prêtée.

Elle ne réalise pas seulement une première réforme, et de quelle importance! Elle en amorce beaucoup d'autres. Vous ne vous étonnerez donc pas si je suis passionnément attaché au sort de cette loi et si en venant ici, — permettez-moi de vous le dire en toute sincérité, — comme lorsqu'il y a quelques mois j'allais à Nancy voir les mutualistes de l'Est, — c'est avec la préoccupation, dès à présent amplement satisfaite, de trouver près de vous l'appui indispensable pour m'aider à faire aboutir cette grande réforme sociale.

Vous savez à quel point elle se trouve. Le Gouvernement a formellement déclaré qu'il en inscrivait la réalisation parmi les articles essentiels de son programme.

J'ai confiance, quant à moi, dans ses déclarations, et, sans parler de la personne du ministre directement responsable, M. Doumergue, dont je sais l'attachement aux réformes sociales, il me sera permis de dire que la présence parmi les membres du Gouvernement de M. Léon Bourgeois, que je suis heureux de voir aujourd'hui représenté ici, est pour nous tous un sûr garant que le Gouvernement tiendra à honneur de tenir la promesse qu'il a faite; qu'il ne se contentera pas d'une bienveillance verbale et passive qui serait insuffisante, mais qu'il exercera l'influence naturelle et légitime qui lui appartient, pour obtenir de la commission sénatoriale qu'elle aborde et résolve sans délai une question qui ne peut pas souffrir de longs retards.

Et d'ailleurs je suis rassuré, je sais que dans cette commission nous comptons des amis aussi zélés qu'influents, au premier rang desquels il me sera permis de citer un homme dont le nom vous est particulièrement cher, le président d'honneur de l'Union départementale de la Gironde, notre ami M. Lourties, sénateur des Landes.

Je suis persuadé que son dévouement nous est tout acquis et que, mieux que personne, il comprend la légitime impatience de la démocratie, et laissez-moi ajouter de la mutualité, de voir enfin réaliser cette grande œuvre.

Quelles objections pourrait-on élever contre sa réalisation? On a parlé, on parle de difficultés financières.

Ce n'est pas moi qui en diminuerai l'étendue, ni qui songerai à atténuer la gravité d'une telle considération. Constatons, cependant, que personne n'a osé prétendre que les difficultés financières, fort heureusement passagères d'ailleurs, qui existent aujourd'hui, puissent être un prétexte ou une excuse à l'abandon de la loi.

Tout ce qu'on a le droit de dire, et je suis le premier à le reconnaître, c'est que des difficultés de cet ordre commandent la prudence. Faut-il aller plus loin et, pour faire aux difficultés financières leur part, croit-on qu'il serait à la fois sage et prudent d'abandonner l'obligation?

Un seul mot me suffira pour répondre à cette objection. Ce serait une profonde erreur de croire que le système de la mutualité subsidiée, le système belge, pour l'appeler par son nom, soit, par définition, moins cher, moins coûteux que celui de l'obligation.

J'ai, comme ministre du Commerce, défendu en 1901, devant la Chambre, un projet par lequel le ministre des Finances, mon collègue et ami M. Caillaux, accordait une somme de 15 millions qui a été jugée insuffisante, mais qui cependant permettait de faire jouer le projet.

Personne, à l'heure actuelle, ne se contenterait sans doute d'une pareille somme, et tout le monde est d'accord, parmi ceux mêmes qui peut-être exagèrent le plus les difficultés financières, qu'il faut aller plus loin.

Permettez-moi de vous faire remarquer que si un système qui s'appuyait sur l'obligation, tel que celui de 1901, pouvait jouer avec une somme de 15 millions, le système de la mutualité subsidiée, tel qu'il existe en Belgique, coûterait d'entrée de jeu et la première année 75 millions au moins.

Par conséquent, ne disons pas que l'obligation peut être écartée par des considérations financières; c'est par d'autres raisons qu'il faut la juger.

Je ne veux pas en ce moment, après un exposé trop aride dont je m'excuse, entrer dans la discussion de cette question classique de l'obligation ; permettez-moi simplement de faire remarquer que l'obligation existe déjà dans notre législation, que les retraites ouvrières des mineurs créées par la loi de 1894 sont fondées sur elle, que cette obligation est, à vrai dire, la base de toute législation sociale. La question ne se pose pas, quoi qu'on en ait dit, entre l'obligation et ce qu'on a appelé, d'un nom inexact, la liberté, mais bien entre l'acceptation ou le rejet de la loi.

L'assurance contre le risque vieillesse, profitant à tous les salariés, et par conséquent obligatoire, sera acceptée, ou bien on proclamera que l'œuvre est au-dessus de nos facultés et on l'abandonnera.

Qu'on le dise donc, si on l'ose! Mais personne n'assumera la responsabilité de déclarer qu'on renonce à la loi des retraites, que cette grande œuvre sociale, dont, pour son honneur, le parti républicain a pris la charge devant le pays, il y renonce et l'ajourne à une date indéterminée.

Il faut donc aboutir, et pour aboutir il faut accepter la condition *sine qua non* de tout projet sérieux de retraites, consentir que la retraite soit obligatoire pour tous les travailleurs. (*Marques d'assentiment. Applaudissements.*)

Telles sont quelques-unes des considérations que, me rendant au désir de nos amis mutualistes de la Gironde, je voulais faire valoir devant vous.

Voulez-vous me permettre, en terminant, de vous adresser un dernier appel?

Quelques adversaires de l'idée des retraites se sont flattés un moment du fol espoir qu'ils feraient échouer le projet par la mutualité.

J'ai dit à Nancy, je répète ici, que c'est la mutualité qui l'a fait triompher à la Chambre et que c'est la mutualité qui en assurera le succès au Sénat. (*Applaudissements.*)

En devenant les auxiliaires, les collaborateurs principaux de cette politique de réformes sociales à laquelle, on l'a dit tout à l'heure avec raison, j'ai voué pour toujours ce que j'ai d'énergie et d'intelligence, vous ne servirez pas seulement vos conceptions personnelles, vous rendrez à ce pays le service le plus haut, le plus inappréciable.

Je parle dans une grande cité commerçante et maritime, où mieux qu'ailleurs on sait comment se gagnent et comment se perdent les batailles commerciales. Vous n'ignorez pas que dans ces luttes-là, comme dans les autres, c'est au peuple le plus uni, le plus discipliné que reste la victoire.

Des puissances à côté de nous sont groupées et étroitement unies par la soumission rationnelle ou traditionnelle à une foi commune ou à un maître unique.

Nous offrons le spectacle à la fois le plus beau et le plus rare qu'une nation puisse donner au monde; nous sommes une démocratie qui, bannissant tout autre pouvoir que celui de la raison, prétend se passer, à l'avenir, du secours des dogmes révélés et des autorités imposées pour ne demander sa cohésion et sa force qu'à l'union de tous les citoyens librement unis autour de vérités par eux librement acceptées.

Eh bien! c'est surtout dans une démocratie comme celle-là qu'il faut que les citoyens sachent s'imposer à eux-mêmes une règle et une discipline.

Au-dessus de toutes les dissidences d'opinions et de croyances, il faut une foi commune unissant en un faisceau tous les Français pour que, si par malheur l'heure du danger extérieur sonnait, — et qui peut dire, quel que soit notre attachement passionné à la paix, que jamais, contre notre gré et pour notre défense, nous ne serons pas acculés à la lutte, — l'étranger trouve devant lui une France tout entière debout, unie, disciplinée, étroitement serrée autour du drapeau. (*Longs applaudissements.*)

Mais, sachez-le bien, ce n'est pas le jour du péril que s'improvisent cette union et cette discipline, c'est pendant la paix. Elles ne sont pas moins nécessaires d'ailleurs dans la paix que dans la guerre, pour la prospérité et la grandeur économiques, que pour les détestables victoires guerrières.

Oui, l'union est indispensable entre tous les

citoyens d'un même pays; oui, il faut qu'une même idée, une même foi les élève tous, à certaines heures, au-dessus de leurs divisions intestines pour les réunir en un bloc commun.

Cette idée, cette foi communes, c'est l'idée de solidarité, c'est la foi dans la fraternité humaine, dans l'amélioration indéfinie du sort de chacun par l'union de tous.

Je vous convie, vous tous qui m'écoutez, à travailler d'un même cœur et d'un même élan à ces nobles œuvres qui peuvent et doivent tous nous réconcilier, à ces œuvres de justice, de solidarité et de bonté. (*Salve d'applaudissements. Ovations prolongées.*)

## LA MUTUALITÉ INTERNATIONALE

*Exposition de Liége, 5 Août 1905.*

Lors de l'Exposition universelle de Liége, en 1905, un deuxième Congrès international de la Mutualité fut organisé, — le premier s'était tenu à Paris en 1900, — qui avait à étudier, parmi diverses questions, l'internationalisation des services mutualistes et la création d'un Bureau permanent d'études mutualistes et des Congrès de la mutualité.

M. Millerand avait été convié à présider la conférence de M. Mabilleau, le 5 août.

Le président de la Commission d'assurance et de prévoyance sociales traça le plan du vaste programme de travail qui s'ouvrait devant la mutualité si cette grande et belle institution savait « plier ses usages aux besoins d'une clientèle sans cesse élargie ».

J'ai accepté avec empressement l'honneur que m'a proposé le Comité directeur de l'École internationale des expositions de présider la conférence inaugurale de M. Mabilleau sur la Mutualité française.

De nombreux motifs concouraient à m'attirer à Liége : le désir, d'abord, de faire connaissance avec une ville si justement célèbre à tant de titres, d'admirer une nouvelle et merveilleuse manifestation d'art et d'industrie, d'y apprécier la participation, que je n'imaginais point si importante et si belle, de notre pays; puis, sans parler du plaisir d'entendre un orateur de race qui est sans doute à l'heure présente un des personnages les plus représentatifs de la mutualité française, l'attrait tout particulier qu'offrait au président de la commission d'assurance et de prévoyance sociales de notre Chambre française la réunion du second Congrès mutualiste international.

Comme l'École internationale des expositions, le Congrès international de la Mutualité date de l'Exposition de 1900. C'est à cette époque qu'il se tint pour la première fois à Paris. Le période quinquennale qui vient de s'écouler marquera dans l'histoire de la mutualité, en Belgique comme en France.

Je n'ai rien à ajouter au tableau que M. Mabilleau vous a tracé avec tant d'éclat du mouvement mutualiste en France dans ces dernières années, et il y aurait de ma part quelque outrecuidance à essayer de vous donner même un aperçu des progrès réalisés dans la même période par les sociétés belges.

Je ne crois pas me tromper en avançant qu'un trait commun caractérise l'essor de la mutualité dans les deux pays.

Mutualistes belges comme mutualistes français sont profondément pénétrés de l'idée que, pour reprendre les termes d'un des rapporteurs belges du Congrès : « Il faut se garder de confondre la mutualité avec l'assurance pure, et que ce sont là deux choses différentes. » Pourtant, les uns et les autres contresigneraient, j'en suis sûr, cette assertion d'un autre écrivain belge, lui aussi rapporteur du Congrès international : « Pour être à la hauteur de sa mission, la mutualité doit offrir autant de garanties que n'importe quelle compagnie d'assurances. »

Comment concilier ces deux propositions, laisser à la mutualité son allure propre, son empreinte individuelle pour ne pas dire individualiste, et la doter néanmoins des progrès scientifiques, l'armer des prescriptions sévères, des règles strictes, qui sont la condition et le gage de la sécurité indispensable à son développement et à sa prospérité?

La réponse à cette redoutable question, qui est pour la mutualité une question de vie ou de mort, vous la trouverez à toutes les lignes du programme du deuxième Congrès international de la Mutualité, à toutes les pages des rapports si intéressants qui furent l'aliment et le thème de ses travaux.

Préparer une entente internationale sur la statistique de la mutualité; examiner les conditions et les modes de la réassurance dans les divers pays; aborder le problème si captivant et si difficile de la mutation internationale, c'est-à-dire du libre échange mutualiste qui ferait de tous les mutualistes du monde autant d'adhérents éventuels, acceptés d'avance par toutes les mutualités, sans exception de régime ni de nationalité, sur leur seule qualité de mutualiste, — qu'est-ce donc, sinon travailler à agrandir la mutualité jusqu'aux proportions de la solidarité humaine?

Des esprits chagrins noteront aisément dans ce programme une part de rêve. Malheureux qui n'a jamais rêvé! La vie n'est rien, elle ne vaut pas d'être vécue si elle n'est pas l'accomplissement, souvent lent et difficile, de nos rêves. Ce sont des rêveurs qui ont, les premiers, tracé, dans leurs songes, la voie solide et large de liberté, de justice et de fraternité où nous avançons aujourd'hui.

Pour moi, tout vibrant encore des nobles émotions de notre second Congrès international des retraites pour la veillesse, réuni à Paris en juin dernier, où la mutualité tint une si large place, je salue avec joie le rapprochement — présage des unions prochaines et fécondes — entre les partisans de la mutualité et les défenseurs de l'assurance.

« L'union fait la force » : cette devise du peuple belge est depuis longtemps celle de la mutualité; et, pour emprunter une dernière citation à l'un de nos hôtes, rapporteur du Congrès international : « Ce que ne peut faire un individu, une association d'individus le réalise; ce qui est impossible à une société seule devient possible pour une réunion ou fédération de sociétés; ainsi de suite. »

Eh! oui, on ne peut s'arrêter dans cette voie. Ce sera l'honneur de la mutualité d'être jusqu'au bout fidèle à ses origines et de rester, sans défaillance, logique avec elle-même. Initiatrice des œuvres de prévoyance et de solidarité, elle voudra en demeurer maîtresse. Accessible à tous les progrès, elle saura renouveler ses méthodes, rajeunir ses traditions, plier ses usages aux besoins d'une clientèle sans cesse élargie, de manière à étendre les bienfaits de la prévoyance à ceux-là qui en ont le plus pressant besoin et à embrasser enfin, dans sa maternelle étreinte, l'humanité tout entière.

VIII

# ENSEIGNEMENT TECHNIQUE

## LE CONSERVATOIRE DES ARTS ET MÉTIERS

1er *Juillet* 1903.

La réorganisation des Services du Conservatoire des Arts et Métiers accomplie par M. Millerand comme ministre du Commerce fut complètement terminée au cours de l'exercice 1903.

M. Loubet, Président de la République, inaugura officiellement, le 1er juillet 1903, les nouveaux services du laboratoire d'essais et de la propriété industrielle.

M. Millerand, président du Conseil d'administration du Conservatoire, prononça, à cette occasion, l'allocution suivante :

MONSIEUR LE PRÉSIDENT DE LA RÉPUBLIQUE,

Au nom du Conseil d'administration du Conservatoire national des Arts et Métiers, de son Conseil de perfectionnement, de sa Commission technique, de son Corps enseignant et de son personnel tout entier, j'ai l'honneur de vous adresser nos vœux de respectueuse bienvenue dans notre cher et grand Etablissement.

Nous vous sommes profondément reconnaissants, Monsieur le Président de la République, d'avoir su trouver une heure, au milieu de tant d'obligations et de soucis, pour la donner à l'inauguration de l'œuvre que nous avons la fierté de vous présenter. Elle mérite, nous ne craignons pas de le proclamer, le grand honneur que vous lui faites.

La Révolution française a donné ses titres au Conservatoire des Arts et Métiers : dès sa naissance il portait en soi les germes à l'éclosion desquels vous assistez aujourd'hui.

Il a fallu l'aide indispensable du temps pour que, le besoin créant l'organe, à côté des Collections qui sont la parure et l'honneur de notre Maison, surgissent cet Office national de la Propriété industrielle, ce Laboratoire d'essais, que vous inaugurez.

Qui n'a pas vu, dans les étroits et incommodes locaux de la rue de Varenne, les services de la Propriété industrielle, ne saurait estimer à leur prix les améliorations qu'a apportées au peuple laborieux des inventeurs leur transfert en plein centre des affaires, dans une installation claire et spacieuse, où viendront bientôt les rejoindre, nous en avons la confiance, les services annexes encore retenus à la Recette centrale et à la Préfecture de la Seine.

Ce que vous voyez, Monsieur le Président, n'est d'ailleurs que la moindre part des progrès accomplis. La publication intégrale des brevets d'invention, si ardemment souhaitée, est un fait acquis. Les améliorations certaines, récemment apportées à la législation spéciale de la Propriété industrielle, en appellent d'autres qui sont, en ce moment même, élaborées ici. La France a satisfait au vœu de la Convention internationale du 20 mars 1883, qui voulait que chaque État établît un service spécial de la Propriété industrielle et un dépôt central pour les communications au public. Sans forfanterie, mais sans inquiétude, notre pays peut, désormais, affronter la comparaison, dans ce domaine, avec ses rivaux économiques les mieux armés.

La création du Laboratoire d'essais comble une lacune dont la gravité avait, dès longtemps, été signalée. Je laisse à des voix plus autorisées que la mienne le soin de vous faire, tout à l'heure, apprécier la valeur scientifique et l'utilité pratique de l'outillage perfectionné que le Laboratoire met au service des commerçants et des industriels, assurés, à partir de ce jour, de pouvoir faire vérifier leurs machines, leurs produits bruts ou manufacturés de toute nature par des appareils et des méthodes qui défient toute critique.

Il n'est pas à craindre que le souci si légitime de la perfection scientifique ne nuise à la marche de services qui, pour remplir les espérances suscitées, veulent avant tout être dirigés industriellement. Les conditions mêmes où le Laboratoire s'est créé, où il fonctionnera, suffiraient à dissiper de telles appréhensions. Nous ne l'oublions pas, en effet, et je saisis avec empressement cette occasion solennelle pour affirmer, à nouveau, en votre présence, la dette de gratitude qu'a contractée le Conservatoire envers la Chambre de commerce de Paris. Sans son généreux et éclairé concours, ces créations ne seraient pas sorties de terre. Après leur avoir donné la vie, elle ne les abandonne pas. La présence de son Président, de quelques-uns de ses membres dans notre Conseil d'administration, dans nos Commissions techniques, et, à côté d'eux, de représentants également autorisés de l'industrie et de la science appliquée, est la plus sûre garantie que ni le Laboratoire, ni l'Office ne sont menacés de perdre le caractère pratique qu'ont entendu leur imprimer leurs fondateurs.

Cette rénovation du Conservatoire, son adaptation nécessaire aux besoins de la production contemporaine, n'est pas pour inquiéter les maîtres illustres, témoins et défenseurs parmi nous de nos traditions.

En venant occuper dans le Conservatoire réorganisé la large place à laquelle elle a droit, l'Industrie n'usurpe ni ne réduit celle que doit y garder la Science. Tout au contraire : la vie nouvelle dont s'est emplie cette maison se manifeste dans toutes les branches de son activité.

C'est notre orgueil de voir grossir chaque année le nombre de ces élèves admirables, de tout âge et de toutes conditions, employés, ouvriers, qui, leur tâche quotidienne finie, prennent sur leur repos pour accourir le soir, dans des amphithéâtres devenus insuffisants, recevoir l'enseignement qui leur vient de si haut. Professeurs de nos Facultés, de notre École normale supérieure, du Collège de France, membres de l'Institut, voici leurs maîtres devant vous, témoignant par leur présence du lien étroit qui ne cesse d'unir cette Sorbonne de l'Industrie à notre Enseignement supérieur. Comme eux, à côté d'eux, tous les membres du personnel de notre Conservatoire vous attestent par ma voix leur attachement passionné à l'œuvre populaire et nationale dont ils sont les serviteurs.

Votre visite, Monsieur le Président de la République, est pour nous tous la plus haute des récompenses et le plus précieux des encouragements.

## LA CRISE DE L'APPRENTISSAGE

*Conservatoire des Arts et Métiers, 4 Juin 1907.*

L'Association française pour le développement de l'enseignement technique, commercial et industriel avait organisé, le 4 juin 1907, au Conservatoire national des Arts et Métiers, une conférence sur l'apprentissage, qui fut faite par M. Dubief, ancien ministre du Commerce, et présidée par M. Millerand.

M. Modeste Leroy, député, président de l'Association, en présentant les deux anciens ministres du Commerce, « se félicita de voir la cause de l'éducation professionnelle soutenue par des orateurs si autorisés dont l'un est, à cette heure, l'objet, dans le pays, de tant de regards ou de tant d'espérances ».

Après M. Dubief, qui exposa dans ses détails la question si importante de l'apprentissage, M. Millerand, se plaçant sur le terrain de la défense des intérêts nationaux, fit ressortir, par l'exemple de ce qu'avaient fait nos plus proches rivaux, l'impérieuse nécessité pour nous de créer un enseignement professionnel obligatoire pratique.

MESDAMES, MESSIEURS,

Le premier, et le plus agréable de mes devoirs présidentiels, est de me faire votre interprète auprès de mon excellent collègue et ami Dubief, pour lui exprimer le plaisir que nous a causé la conférence, à la fois si variée, si substantielle, si pleine de faits et d'idées, qu'il vient de consacrer à cette grosse question de l'apprentissage. Et il me permettra d'unir dans nos remerciements mon excellent ami Modeste Leroy et la Société qu'il préside avec tant de distinction, pour la manifestation — car c'en est une — dont ils ont pris l'initiative ce soir.

Il y a, en effet, à l'heure où je parle, peu de problèmes à la fois plus urgents et plus graves pour notre pays que celui de l'apprentissage, qui préoccupe depuis si longtemps les commerçants, les industriels et les hommes politiques.

Les causes de cette crise qui sévit sur notre pays, Dubief les a tout à l'heure indiquées en quelques traits précis. Elles ne sont pas — et en le disant je ne cède pas au désir de défendre une œuvre personnelle — dans telle ou telle mesure législative. Elles sont autrement générales et profondes. Elles sont dans le développement du machinisme, dans l'extrême division du travail qui en est la conséquence. (*Applaudissements.*)

Avec cette division du travail, que Dubief, par un exemple saisissant, a mise en si vive lumière, on arrive à faire d'un ouvrier, même dans les métiers en apparence les plus simples, une machine qui ne sait que répéter la même partie d'une même œuvre, incapable de s'élever au-dessus de l'œuvre dont il n'est qu'un des éléments, pour la juger, la dominer et s'y intéresser.

Ce problème de l'apprentissage, s'il offre un intérêt aigu, présente aussi un danger redoutable.

Pour la production d'abord, parce qu'il est trop clair que si l'on ne forme plus d'ouvriers, surtout dans un pays comme le nôtre dont la prospérité et l'influence commerciale sont dues au fini de ses produits, c'est dans un délai plus ou moins éloigné, mais c'est à coup sûr la décadence de notre industrie et du pays lui-même. (*Applaudissements.*)

C'est un danger, non seulement pour la production, mais pour le producteur lui-même qui, comme je l'indiquais à l'instant, devient le serf de la machine, rivé à l'outil qu'il manœuvre sans se rendre compte du rôle qu'il joue dans l'ensemble même de la production particulière à laquelle il travaille, vraie machine humaine incapable de comprendre ce qu'elle fait. L'être humain se trouve ainsi atteint et diminué non seulement dans sa capacité mais dans sa dignité, lésé non seulement comme ouvrier, mais comme homme et comme citoyen. (*Applaudissements.*)

Signaler ces conséquences, n'est-ce pas dire du même coup que le danger le plus redoutable de cette décadence de l'apprentissage, c'est le pays qui doit le subir, le pays menacé ainsi dans ses forces vives, dans sa prospérité matérielle qui ne peut manquer de décliner s'il ne forme pas à bref délai des ouvriers dignes de ce nom, et dans sa puissance morale, si ses enfants, ses ouvriers, ses citoyens sont ainsi réduits peu à peu au rang de machines humaines au lieu d'être ce qu'ils doivent devenir de plus en plus, des hommes dont la capacité intellectuelle et morale marche de pair avec la capacité professionnelle? (*Applaudissements.*)

Contre ce triple danger pour le pays, pour le producteur, pour la production elle-même, quel est le remède?

Il n'y en a qu'un : c'est l'enseignement professionnel.

Sans doute, il n'est pas possible, — et Dubief, dont le nom restera attaché au projet de loi qui est la charte de l'enseignement technique, vous l'a très nettement indiqué, — personne n'a eu la pensée que les 600.000 enfants qui sont formés et qui doivent être formés pour devenir des ouvriers dignes de ce nom soient envoyés dans des écoles professionnelles. C'est impossible, non seulement parce que, de longtemps, nous n'aurons d'établissements capables de recevoir cette clientèle, mais pour cette raison qu'il faudrait opérer des transformations trop profondes et trop lointaines pour que ces 600.000 enfants de treize à dix-huit ans soient distraits de l'atelier et confiés à l'école.

Ce qu'on peut et ce qu'on doit faire aujourd'hui,

c'est ce qu'ont réalisé certains de nos rivaux : c'est instituer les cours complémentaires dont on vous parlait tout à l'heure; c'est faire appel, je ne dis pas seulement à la bonne volonté, mais à l'intérêt des commerçants et des industriels eux-mêmes pour leur faire comprendre que le système du demi-temps, qui distrait de l'atelier pendant quelques heures les jeunes ouvriers et les envoie aux cours professionnels, n'est du temps perdu ni pour le patron, ni pour l'apprenti. (*Applaudissements.*)

Et pour établir ce système nouveau de cours complémentaires, — une fois de plus, je vais m'attirer, ainsi que Dubief et nos amis, des critiques en prononçant un mot détesté, — il faudra bien en venir à l'obligation. Que ce soit l'obligation générale, qui, à mon avis, s'adapte le mieux à nos habitudes et à nos mœurs, que ce soit l'obligation décrétée par les municipalités, là où elles la jugent utile, en tout cas, il faut, — et vite, car le mal est urgent, — instituer ce système de cours complémentaires et de demi-temps, qui rétablisse, ou plutôt qui crée l'apprentissage sous la seule forme où, à l'heure actuelle, il puisse être créé.

Aujourd'hui que les distances sont, pour ainsi dire, supprimées, il nous faut regarder autour de nous pour voir ce que font nos rivaux et tâcher de profiter de leurs leçons. Ouvrons les yeux. Que voyons-nous? J'emprunte à un article publié par un homme dont le nom est bien connu dans le monde de l'enseignement technique, M. Labbé, l'éminent directeur de l'École d'Armentières, cet exemple, qui pourrait, hélas! être multiplié, de ce qui se fait à Breslau, ville allemande de 300.000 habitants. Voici ce que l'on y trouve comme établissements d'enseignement professionnel : un enseignement complémentaire, professionnel, donné sous forme de cours du jour, du soir ou du dimanche, obligatoire pour tous les jeunes gens de toutes professions, ayant quatorze à dix-sept ans; une école d'ouvriers analogue à nos écoles pratiques de commerce et d'industrie; une école pour les patrons, où ceux-ci vont compléter une instruction professionnelle qui n'est jamais parfaite; une école ménagère et pratique de commerce et d'industrie pour les jeunes filles, et, pour les femmes, une école ménagère!

J'ai vu, comme ceux d'entre vous qui ont été en Allemagne, une de ces écoles ménagères dont quelques-unes commencent à être répandues, non seulement à Paris, mais dans les départements. Je veux vous en dire un mot, car si l'éducation professionnelle est nécessaire pour l'homme, elle ne l'est pas moins pour la femme. La première de toutes les éducations professionnelles, pour la femme, c'est celle qui consiste à en faire une ménagère, qui sache par l'attrait donné au foyer, par la science du ménage, garder et retenir auprès d'elle le père et les enfants. (*Applaudissements.*)

Cette éducation ménagère n'est pas un rêve; c'est la chose la plus pratique, et dont on a dit, avec raison, qu'elle est absolument indispensable; ce serait perdre son temps que d'essayer, comme on l'a fait avec tant de raison, de créer partout des habitations hygiéniques à bon marché, si la femme, si la mère, si l'épouse qui vont y habiter n'ont pas d'abord appris à entretenir en bon état ces habitations qui leur sont remises propres et hygiéniques.

Je me suis arrêté sur ce mot d'école ménagère qui me semblait mériter une parenthèse; je reprends mon énumération.

Je vous ai lu la liste des établissements municipaux; il faut y ajouter les établissements de l'État : « une école royale de constructions, une école royale supérieure de construction de machines, une école professionnelle de dessin, une école royale des arts professionnels, des écoles supérieures techniques ».

Tout cela, je le répète, dans une ville de 300.000 habitants.

Un tel exemple ne doit pas nous décourager.

On ne sait pas assez les progrès qu'on a faits chez nous dans l'enseignement professionnel depuis quelque quinze ans; et je suis heureux de le dire non seulement devant le directeur actuel de l'enseignement technique, M. Gabelle, mais devant son prédécesseur, M. Bouquet, notre ancien collaborateur à Dubief et à moi et à qui je me félicite de pouvoir rendre ici devant vous un hommage mérité. (*Applaudissements.*)

Tout ceux qui ont pu à l'Exposition de 1900 visiter la classe de notre enseignement technique en ont emporté l'impression qu'il y avait là une grande et belle œuvre dont nous avions le droit d'être fiers. Je dirais presque que nous avons été les derniers à comprendre la grandeur de notre œuvre.

Les Allemands, eux, l'ont vue et comprise, à tel point qu'ils l'ont imitée; ils ont emprunté à notre enseignement technique un certain nombre d'institutions et d'éléments qui sont tout à fait louables, comme par exemple ce conseil de perfectionnement qui existe dans la plupart de nos établissements d'enseignement professionnel et qui rend les plus grands services au point de vue du développement de l'établissement, et particulièrement au point de vue du caractère pratique qu'il doit avoir et conserver.

Si vous me permettez, je ferai une courte observation au sujet d'une question à laquelle Dubief a fait allusion tout à l'heure, — et mon ami Massé qui est ici me le pardonnera; — il s'agit d'une petite querelle de famille entre l'Université et le ministère du Commerce.

Je suis en effet de ceux qui pensent qu'un jour viendra où l'enseignement technique sera réuni dans une même maison, qui groupera tout ce qui en France est relatif à l'enseignement.

Mais je suis trop l'ami de l'enseignement technique, et trop convaincu de son utilité, je craindrais trop de porter atteinte à ce qui est son originalité, sa caractéristique, pour faire à l'Université un dangereux cadeau, en l'enlevant au ministère du Commerce pour le transférer au ministère de l'Instruction publique ; non pas que je mette en doute un seul instant la science et le dévouement des hommes éminents qui sont à la tête de l'Université; mais ils savent mieux que moi quelles difficultés ils ont eues, chez eux, pour surmonter la routine qui, depuis trop d'années, pèse sur notre enseignement classique. Nous travaillons pour eux, et pour l'Université tout entière, en formant, à côté d'elle, et pour elle, un enseignement animé d'un esprit plus utilitaire, plus pratique, non moins ami des idées générales, mais qui se propose avant tout d'adapter dans chaque région, dans chaque ville, l'enseignement aux besoins auxquels on doit faire face. Nous préparons pour l'Université une œuvre qu'elle est, malgré toute sa bonne volonté, incapable en ce moment d'accomplir. Nous la lui conservons pour la lui donner le jour où l'enseignement technique sera, comme nous l'espérons, assez fort pour ne pas craindre d'être jamais étouffé; il fera alors son entrée dans l'Université, sans risquer d'y perdre ce qui est, je le répète, son caractère et son originalité, mais en apportant à l'enseignement parallèle, je ne dis pas rival, les qualités qui aujourd'hui font la force et l'originalité de notre enseignement technique. (*Vifs applaudissements.*)

Ceci dit, — et je m'excuse d'y avoir insisté, — je reviens à mon sujet pour conclure : il faut qu'à bref délai nous votions d'abord au Parlement cette charte de l'enseignement technique, et que cette loi, nous l'appliquions vite et bien, parce que nos rivaux n'attendent pas; ils font, comme on vous l'a indiqué tout à l'heure, dans cet ordre d'idées des pas de géants. On a dit, un jour, que c'est le maître d'école allemand qui a remporté la victoire à Sadowa. Eh bien, sur d'autres champs de bataille qui pour n'être pas sanglants n'en jouent pas un rôle moins important dans la destinée des peuples, il ne faut pas qu'on puisse prétendre plus tard que l'école professionnelle allemande a joué à notre détriment le même rôle que l'instituteur allemand. (*Applaudissements.*)

N'attendons pas comme nous l'avons fait après 1870 pour créer en France l'enseignement primaire, obligatoire et gratuit. Il nous faut, sans attendre des désastres économiques, que je ne veux pas prévoir et qui ne sont pas à redouter, créer tout de suite l'enseignement professionnel obligatoire sous la forme pratique et réalisable où il peut, où il doit être créé. Laissez-moi le dire : ce n'est pas seulement une œuvre d'intérêt pratique que nous accomplissons en instituant cet enseignement technique et professionnel; ce n'est pas seulement dans l'intérêt de la prospérité du pays que nous travaillerons en prenant ces enfants de treize à quatorze ans et en les menant à l'école professionnelle; nous ferons du même coup une œuvre morale dont la portée ne sera pas moins haute.

Qui de nous ne se rend tous les jours compte qu'il n'est pas suffisant de donner à l'enfant de sept à douze ans une éducation primaire et de le lâcher, après qu'il aura obtenu son certificat d'études, sur le pavé des grandes villes en proie à toutes les tentations, à toutes les excitations ? (*Applaudissements.*)

L'œuvre d'éducation autant que d'instruction doit continuer. Il est indispensable qu'elle ne le quitte à aucun moment, qu'elle soit vraiment régénératrice en formant l'artisan, en préparant l'homme et le citoyen. (*Applaudissements.*)

C'est là une œuvre nationale au premier chef; c'est là une œuvre d'utilité publique dont aucun bon citoyen, aucun homme soucieux de l'avenir de notre pays ne peut se désintéresser.

Merci à Dubief, merci à Modeste Leroy, de vous avoir permis ce soir d'en affirmer l'utilité. (*Salve d'applaudissements.*)

# IX

# LES GRANDS INTÉRÊTS ÉCONOMIQUES

## LES ACCAPAREMENTS ET LES MARCHÉS A TERME

*Chambre des Députés*, 22 *Mars* 1901.

La Chambre discutait les interpellations de MM. Castelin, Walter et Renou, Massé et Chandioux au sujet de l'accaparement des sucres et celle de M. Rouanet sur les mesures que comptait prendre le Gouvernement pour réprimer les manœuvres de bourse qui « faussent le cours des marchandises et désorganisent la production française ».

M. Monis, garde des sceaux, répondit en ce qui concernait les faits d'accaparement, qui avaient été signalés au Gouvernement par trois plaintes précises. Il annonça à la Chambre qu'il s'était déjà mis à la disposition du président de la Commission pour examiner la partie pénale de la future législation.

Plusieurs députés, ne se contentant pas de ces déclarations, demandèrent la nomination d'une Commission d'enquête qui serait chargée de rechercher et de proposer à la Chambre toutes les mesures propres à mettre un terme à cet état de choses.

M. Klotz, de son côté, déposa un ordre du jour comptant sur le Gouvernement pour poursuivre énergiquement, en vertu des lois existantes, la répression de toutes les manœuvres frauduleuses. Enfin, l'ordre du jour pur et simple avait été réclamé.

C'est à ce moment que M. Millerand, ministre du Commerce, prit la parole, au nom du Gouvernement, pour prier la Chambre de voter l'ordre du jour de M. Klotz, la Commission d'enquête ne pouvant avoir à ses yeux d'autre résultat que de nuire aux intérêts qu'elle voulait servir et de retarder l'adoption du projet dont la Commission était saisie. La Chambre se rallia à cet avis par 328 voix contre 214.

M. Millerand, *ministre du Commerce, de l'Industrie, des Postes et des Télégraphes.* — Si M. le président et si la Chambre veulent bien me le permettre, je demande à m'expliquer brièvement sur l'attitude qu'entend prendre le Gouvernement, non seulement en face de l'ordre du jour pur et simple, mais en face à la fois des divers ordres du jour qui vous sont proposés et de la demande d'enquête. (*Parlez! Parlez!*)

Le Gouvernement ne croit pas que la Chambre puisse terminer un débat aussi prolongé et aussi intéressant que celui qui s'est déroulé devant elle par l'ordre du jour pur et simple. (*Très bien! très bien! sur divers bancs.*) Il lui paraît qu'elle doit formuler dans un ordre du jour la conclusion qu'elle estime devoir être donnée aux observations qui ont été apportées à la tribune.

Entre tous les ordres du jour qui vous sont soumis, il nous paraît que l'ordre du jour déposé par l'honorable M. Klotz est celui qui peut le mieux exprimer le double sentiment dont semble animée la majorité de cette Chambre, c'est-à-dire qu'il convient de poursuivre partout où il se présente le délit d'accaparement, et, d'autre part, qu'il est des mesures soumises depuis longtemps à l'étude des commissions de la Chambre sur lesquelles il importe qu'elle se prononce sans tarder.

M. Lasies. — Je demande la parole.

M. le ministre. — Voilà pourquoi le Gouvernement accepte l'ordre du jour de M. Klotz.

Et, bien qu'il n'y ait pas, d'après le règlement, de contradiction entre le vote d'un ordre du jour et le vote d'une enquête, il nous semble que lorsque la Chambre aura voté l'ordre du jour de M. Klotz, elle se contredirait elle-même — et je vais vous démontrer en quelques mots pourquoi — en votant la nomination d'une commission d'enquête.

Cette commission devrait rechercher par tous les moyens les manœuvres par lesquelles soit de simples particuliers, soit des associations telles que trusts, cartels, syndicats et toutes autres sociétés, licites ou illicites, publiques ou occultes, accaparent les moyens de production.

Qu'est-ce à dire?

Le Gouvernement, messieurs, je me hâte de le déclarer, entend laisser sur ce point toute liberté à la Chambre, il accepte d'avance la décision qu'elle prendra (*Très bien! très bien! à l'extrême gauche*), mais il croit devoir indiquer les motifs pour lesquels il lui paraît qu'il ne serait peut-être pas très sage de nommer une pareille commission. De quelle tâche en effet la chargeriez-vous, si ce n'est d'une étude théorique extrêmement large, la plus vaste, à vrai dire, qu'on puisse rêver sur le fonctionnement, à l'heure actuelle, des syndicats industriels dans notre pays. Une telle étude est fort intéressante, ce n'est pas moi qui en disconviendrai. Je me permets même de profiter de l'occasion pour souligner à cette tribune quelle est, au moment précis où nous discutons cette question, la situation des syndicats industriels en France et, on peut bien le dire, dans le monde entier.

Les différents orateurs qui se sont succédé à cette tribune ont été beaucoup plus préoccupés — et ils avaient raison — de signaler à la Chambre et au pays le fonctionnement de ces syndicats industriels multiples que de demander au Gouvernement, qui, — les déclarations de

M. le garde des sceaux l'ont prouvé, — n'a pas une minute failli à son devoir, des poursuites contre les accaparements délictueux. Ce qu'ils ont démontré, c'est que, dans l'état actuel du commerce et de l'industrie, la forme du syndicat industriel est devenue courante.

A quoi cela tient-il? A quel phénomène attribuer cette multiplication des syndicats industriels, non seulement en France, mais dans tous les pays du monde, et ailleurs beaucoup plus encore que dans notre pays? Comment expliquer qu'aux États-Unis, en Allemagne, en Belgique, partout où l'activité industrielle est vive et puissante, on assiste à cette éclosion de syndicats industriels?

Messieurs, des publicistes ont prétendu que ces syndicats, ces cartels, ces trusts — les étiquettes varient, bien que l'objet qu'elles décorent soit à peu près partout le même — des publicistes ont prétendu que ces associations étaient le produit exclusif et nécessaire du régime protectionniste et que c'était à l'abri des taxes de douane et par elles que naissaient et se développaient fatalement ces formes nouvelles de production.

Ce n'est pas mon avis. Je suis beaucoup plutôt enclin à croire que, s'il se manifeste aujourd'hui dans le monde entier cette forme nouvelle de concentration industrielle, si l'on voit en tous pays et dans toutes les branches de la production naître et se développer ces syndicats de producteurs, le phénomène est dû avant tout au développement du machinisme, à l'extension inouïe des moyens de transport et de communication, à ces progrès prodigieux enfin de la science qui, mettant chaque jour au service de l'industrie des machines nouvelles et plus puissantes, ont pour résultat immédiat d'abord une surproduction énorme et, comme conséquence de cette surproduction, une baisse de prix qui incite naturellement les producteurs à s'entendre et à s'unir soit pour limiter la production, soit pour arriver à fixer les prix. (*Applaudissements à gauche et à l'extrême gauche.*)

Faut-il dire que ce phénomène économique est nécessairement et toujours regrettable? Ce serait, je crois, avoir une vue bien étroite de la vie économique contemporaine. Ce qu'il faut reconnaître, c'est que ces syndicats de production entraînent avec eux des dangers contre lesquels il est non seulement juste, mais nécessaire, que toutes les sociétés prennent des précautions et contre lesquels nulle part on n'est demeuré sans défense. Danger d'abord pour les collaborateurs mêmes de ces syndicats, pour les ouvriers, car le syndicat des producteurs peut être tenté de prélever une partie de ses bénéfices au détriment de la main-d'œuvre ; danger aussi pour la masse des consommateurs, pour le public, auquel ce syndicat peut rêver, dans son intérêt particulier, d'imposer des prix beaucoup trop élevés et pas du tout en rapport avec la valeur réelle des produits. (*Applaudissements à gauche.*)

Contre ce double danger, il y a une protection. Il y a d'abord, pour les travailleurs eux-mêmes, la lutte par l'association, par le syndicat, par l'union des ouvriers qui, groupés, peuvent faire, on l'a vu, contrepoids à l'union des patrons.

On a cité à côté de nous, en Allemagne, en face du syndicat des houillières de Westphalie, un syndicat ouvrier qui a su vivre, prospérer et imposer ses conditions de travail. (*Très bien! très bien!*)

Rien de plus légitime. Pour protéger les consommateurs, il faut que l'État puisse aussi intervenir. Comment? Par deux moyens au moins, semble-t-il.

D'abord, si le syndicat s'est formé à l'abri du tarif des douanes et s'il a profité de ces taxes douanières qui n'ont été établies que pour permettre aux industries nationales de vivre et de se développer, s'il a faussé l'esprit de la législation économique jusqu'à se servir de ces taxes non pas pour, grâce à elles, se développer, mais pour exploiter à leur abri la masse des consommateurs (*Applaudissements*), il appartient alors aux pouvoirs publics d'examiner s'ils ne doivent pas — les tarifs ne servant plus à l'objet pour lequel ils étaient faits — soit les diminuer, soit les supprimer. (*Très bien! très bien!*) Mesure à laquelle on ne doit faire appel, j'ai à peine besoin de l'indiquer, qu'avec une prudence extrême, mais qui n'en est pas moins un dernier recours aux mains de l'État contre l'avidité de producteurs sans scrupule (*Très bien! très bien!*)

Enfin, messieurs, il y a d'autres armes : ce sont les armes légales dont précisément la commission des marchés à terme travaille, pour sa part, en ce moment à nous munir. Et ainsi, j'en viens, — je demande pardon à la Chambre du détour que j'ai pris pour y arriver, — j'en viens à la demande d'enquête qui vous est soumise.

A cette heure dans quelle situation se trouve la Chambre? Elle assiste au développement de cette foule de syndicats industriels; elle comprend qu'ils sont, dans certains cas, utiles, nécessaires peut-être, mais qu'ils peuvent présenter de très grands périls si on ne les surveille pas de près, si le législateur n'est pas armé contre leurs abus. En ce moment, la commission des marchés à terme prépare un projet auquel, comme je l'avais promis, j'ai apporté ma collaboration modeste en soumettant, au mois de septembre dernier, mes observations à la commission. Ce projet a précisément pour objet de doter les pouvoirs publics d'armes nouvelles, mieux adaptées à la situation économique actuelle.

Qu'est-ce que vous proposent, dans les meilleures intentions, je le sais bien — mais derrière les intentions je vois les résultats — qu'est-ce que vous proposent les auteurs de la motion tendant à nommer une commission d'enquête? Ils vous proposent purement et simplement de ne pas vous occuper des projets que prépare la commission des marchés à terme et de substituer, à ses résolutions précises et à ses propositions fermes, quoi donc? Une étude théorique, académique, une enquête qui aboutira...

M. Massabuau. — Nous demandons une enquête pratique avec un juge d'instruction.

M. le ministre. — ... qui aboutira, je n'en doute pas, à de très beaux rapports, mais dont la première conséquence sera de vous empêcher de résoudre les questions immédiates dont vous êtes saisis; car vous entendez bien que, lorsque vous aurez nommé une commission d'enquête dont la mission sera de vous faire un rapport sur le fonctionnement de tous les syndicats, sur les moyens qu'ils emploient, sur les procédés les meilleurs pour les empêcher de nuire, vous serez dans l'obligation morale d'attendre, avant de rien voter, que soit close la grande enquête industrielle et commerciale dont vous aurez ordonné l'ouverture.

Nous prions donc la Chambre de voter, comme conclusion de l'interpellation, l'ordre du jour de l'honorable M. Klotz.

Si, de plus, la Chambre croit devoir voter la nomination d'une commission d'enquête, elle le fera ; mais je me permets, en descendant de la tribune, de lui dire qu'en le faisant elle ira directement contre les intérêts qu'elle veut servir, car elle retardera par là même le vote du projet qui lui est soumis. (*Applaudissements à gauche.*)

## LA MARINE MARCHANDE

*Sénat, 24 Février 1902.*

Le projet de loi relatif à la marine marchande, voté par la Chambre, était soumis aux délibérations de la Haute-Assemblée.

M. Raynal, rapporteur, avait, au nom de la Commission, résumé l'économie du projet et sollicité les représentants du Sénat d'adopter la loi.

M. Antonin Dubost, après avoir déclaré que la marine marchande était un « des éléments essentiels de l'activité et de la puissance économique du pays », émit quelques craintes sur l'efficacité des sacrifices financiers imposés au budget.

M. Millerand intervint alors pour signaler que le Gouvernement s'était trouvé en présence d'une situation extrêmement grave, à laquelle il était nécessaire de remédier, non seulement pour garantir les intérêts économiques en cause, mais aussi afin de conserver le prestige de notre puissance maritime.

M. Millerand, *ministre du Commerce, de l'Industrie, des Postes et des Télégraphes.* — Messieurs, à l'heure où nous sommes arrivés, après la discussion générale si pleine d'éclat qui s'est déroulée devant le Sénat, et surtout après le discours si complet et si topique de votre rapporteur, le Sénat pense bien que je n'entends pas m'imposer à son attention. Je ne lui apporte ni documents inédits, ni statistiques nouvelles; je me bornerai, le cas échéant, à puiser dans le rapport même de M. Raynal les très rares chiffres dont j'aurai besoin pour illustrer la très courte réponse que je veux faire à ces trois points d'interrogation dans lesquels se résume, à mon avis, tout le débat:

Pourquoi sommes-nous obligés de faire une loi nouvelle sur la marine marchande?

Pourquoi ne pouvons-nous pas en faire une autre que celle qui vous est proposée?

Enfin — et c'est là le point spécial qu'a traité l'honorable M. Dubost — le profit de la loi nouvelle en vaut-il les charges?

*Pourquoi sommes-nous obligés de faire une loi nouvelle sur la marine marchande?* Qu'ai-je à ajouter, messieurs, à l'exposé qui vous a été fait? Le premier mot que la Commission extraparlementaire, si compétente, si impartiale par sa composition, qui a préparé le projet que vous discutez en ce moment, plaçait au seuil de son questionnaire, était celui-ci : « Comment remédier à la décadence de notre marine marchande? »

Le mot était cruel : il n'était que trop justifié par des résultats qu'avait donnés la loi de 1893, et que je résume en quelques phrases. C'est d'abord le déclin rapide de notre tonnage, de nos bateaux à vapeur, et, avec eux, de nos équipages; c'est ensuite l'effondrement de la part que prenait notre pavillon dans le trafic total de nos ports.

Enfin, en parallèle avec ce déclin ininterrompu, c'est l'ascension rapide, foudroyante, sur certains points, des marines rivales, et, en regard de ce tableau, comme pour lui faire opposition et pour le faire mieux ressortir, ce que j'appellerai le paradoxe des voiliers, que rien ne peut mieux souligner que le graphique inséré par votre rapporteur dans son rapport.

La conséquence de cette situation a été fatale. Elle s'accuse avec une brutalité saisissante sous la forme d'un tribut annuel payé par notre commerce à la marine des pays concurrents. Vous en connaissez le chiffre : il est, pour la dernière année, de 800.000 francs par jour.

Est-il possible que les pouvoirs publics et que tous ceux qui s'intéressent à la prospérité de notre pays acceptent de laisser se perpétuer une semblable situation? Évidemment non. Et j'ai démontré que nous étions obligés de faire une loi nouvelle sur la marine marchande pour mettre fin à une situation qui n'est plus tolérable.

Mais j'ose dire que cette loi nouvelle ne peut-être, dans ses grandes lignes, autre que celle qui a été successivement élaborée et acceptée et par la Commission extra-parlementaire, et par le Gouvernement, et par la Commission de la Chambre, et par votre Commission. Elle ne peut pas être autre. Pourquoi? A quelle première nécessité nous trouvons-nous obligés de faire face? Nous avons trop de grands voiliers et pas assez de vapeurs. Quelle est la principale cause de cette situation? Tout le monde l'a dit : c'est l'état même des primes tel que l'a établi la loi de 1893. Ces primes — c'est une première réponse que je tiens à faire à l'honorable M. Antonin Dubost — n'ont point été, comme il le croyait, longuement préparées et étudiées avant d'être soumises à l'approbation des Chambres. Celles qui avaient été étudiées ont été rejetées; et ce qui a été adopté — c'est là un vice capital, un des vices essentiels de la loi de 1893 — ce sont des primes improvisées en séance, à la Chambre. Aussi, lorsqu'on les a mises en application, elles ont naturellement démenti toutes les prévisions des auteurs du projet.

Nous ne nous trouvons en aucune façon devant une situation analogue, et le projet que nous apportons au Sénat n'est, à aucun titre, un projet improvisé. Vous connaissant, messieurs, je n'ai pas besoin de vous mettre en garde contre le danger de substituer, à un projet aussi longuement et aussi mûrement élaboré, des improvisations même dictées par les intentions les meilleures.

On s'était donc trompé, en 1893; on avait établi des primes qui favorisaient d'une façon extraordinaire, excessive, paradoxale, les voiliers, et qui, au contraire, décourageaient l'industrie des vapeurs.

Première conséquence, sur laquelle tout le monde est d'accord; il faut remanier les primes de la loi de 1893. On vous a dit comment nous les remaniions : je ne reviens pas sur ce point.

Mais une seconde conséquence s'impose à nous. Il ne suffit pas de modifier les primes : il faut que celles que vous établirez produisent leur effet. Or, sous le régime de loi de 1893, à qui va, en grande majorité, la prime à la navigation?

L'honorable M. Raynal a reproduit, dans son rapport, un tableau que j'avais cité à la Chambre des députés, et qui est, en effet, topique; il établit que, des primes à la navigation, la plus grande partie, quelquefois une part absolument excessive, va, non pas à l'armateur, pour lequel elles semblent avoir été faites, mais au constructeur; de telle sorte que la conséquence seconde de la loi de 1893 a été celle-ci : les armateurs de bateaux à vapeur, se trouvant en présence d'exigences inacceptables de la part des constructeurs, ne pouvant, d'autre part, s'adresser à la construction étrangère, puisque la loi de 1893 avait établi un monopole de fait en faveur des constructeurs, se sont trouvés réduits, pour l'immense majorité, à cette fâcheuse alternative : ou renoncer à équiper des vapeurs, où aller acheter à l'étranger ces navires de seize ans en moyenne, qu'on a appelés de « vieux sabots », qui occupent dans notre flotte marchande une place beaucoup trop large, qu'il faut réduire, car, avant tout, ce qu'il nous faut, ce ne sont pas seulement de nouvelles unités, ce sont des unités jeunes et neuves.

Par conséquent, messieurs, la seconde nécessité qui apparaît à l'étude de la loi de 1893, c'est, après avoir remanié les primes, d'en assurer l'effet en supprimant le monopole de fait des constructeurs qui n'a pas permis aux armateurs de tirer de la loi tout le bénéfice qu'ils en devaient tirer, c'est d'instituer la compensation d'armement.

Je n'insiste pas sur ce point pour le moment; nous aurons, dans la discussion des articles, à revenir sur la compensation d'armement, sur les conditions très prudentes et très sages dans lesquelles elle est établie. Ce que je tiens à affirmer pour le moment, c'est que la compensation d'armement, qui, d'ailleurs, il ne faut jamais l'oublier, avait réuni dans la commission extra-parlementaire l'unanimité des membres, constructeurs comme armateurs, est une nécessité, et si vous voulez faire une loi nouvelle qui produise son effet, il faut que vous en adoptiez le principe.

Ainsi, je ne crois pas qu'on puisse nier que, si l'on veut faire une loi nouvelle, — et vous ne pouvez vous dérober à la nécessité de la faire, — il faut aussi faire une loi qui, d'une part, remanie les primes, et, d'autre part, en assure l'effet, en supprimant le monopole de fait qui était assuré aux constructeurs. (*Très bien! sur un certain nombre de bancs.*)

J'arrive maintenant au point d'interrogation auquel a répondu, se plaçant à son point de vue, l'honorable M. Antonin Dubost : *le profit de la loi nouvelle compensera-t-il les charges qu'il va imposer au budget?* M. Antonin Dubost n'hésite pas à répondre non.

Je tiens, avec et après M. Raynal, à bien faire, à ce point de vue, devant le Sénat, une distinction indispensable.

Nous avons une liquidation nécessaire à opérer. En 1893, des erreurs ont été commises, nous en supportons les conséquences, mais ce serait, en vérité, instituer une singulière discussion que de prétendre s'opposer à l'adoption d'une loi nouvelle destinée à réparer ces erreurs sous prétexte que nous avons encore à en souffrir. Sans doute, nous sommes obligés de subir ce contre-coup des fautes commises, mais il n'est que juste et nécessaire de faire un départ, dans le total des charges qui vont nous être imposées, entre ce que j'appelais tout à l'heure la liquidation de la loi de 1843 et les charges de la loi nouvelle.

Ce départ, messieurs, le rapporteur de votre Commission des finances n'a pas manqué de le faire ; il fait remarquer que le total de la liquidation de la loi de 1893 se chiffre par une dépense de 214 millions.

S'appuyant ensuite sur les statistiques de M. le ministre des Finances, statistiques, je m'empresse de le dire, qui ont été établies, et avec raison, par ce dernier, en se plaçant dans l'hypothèse la plus défavorable, il arrive à cette conclusion que le total des charges qui résultera de l'application de la loi nouvelle se chiffre par 276 millions, c'est-à-dire, pendant la durée de la loi, par une charge de 18 millions et demi en moyenne en chiffres ronds.

M. Antonin Dubost. — Dix-huit millions et demi de plus !

M. le Ministre. — Dix-huit millions et demi de charges incombant à la loi.

Là-dessus, messieurs, l'honorable M. Antonin Dubost tient le raisonnement suivant. Il commence par une déclaration de principe que je m'empresse de recueillir : c'est qu'il n'est pas opposé, de prime abord, à tous les moyens proposés pour défendre l'industrie nationale, mais il leur demande — et je suis d'accord avec lui — qu'ils remplissent trois conditions, que j'ai prises sous sa dictée et que je me permets de rappeler au Sénat. Je crois que le Sénat sera d'accord avec moi pour reconnaître que ces trois conditions, la loi nouvelle y satisfait.

La première que réclame l'honorable M. Antonin Dubost, c'est que l'expérience ait démontré l'utilité des moyens proposés.

M. ANTONIN DUBOST. — J'ai dit : l'efficacité des moyens proposés.

M. LE MINISTRE. — Vous avez raison, mais vous avez oublié, monsieur Antonin Dubost, l'expérience faite en France sous l'empire de la loi de 1881 et l'essor indéniable que cette loi a donné à notre marine marchande? Avez-vous également oublié à l'étranger l'exemple de l'Italie où les primes ont eu rapidement un résultat si utile qu'elle a pu limiter l'effet de la loi bienfaisante qu'elle avait votée, en adoptant, après que cet effet a été produit, une limitation de la subvention annuelle?

J'arrive à la deuxième condition que vous posez : c'est que les moyens ne soient pas hors de proportion avec les résultats à obtenir.

Laissez-moi vous dire que ce n'est pas prendre la question dans toute son ampleur que de rapprocher du chiffre de 18 millions par an celui de 12 à 13 millions, auquel vous estimez le bénéfice immédiat que retirera de la loi la marine marchande.

J'entends bien que vous avez extrait ces chiffres de ceux qui figurent dans le rapport de M. Raynal, mais vous ne pouvez pas oublier qu'à côté de cette considération, le rapporteur de la Commission de la marine marchande en donnait d'autres et que ce premier profit n'est pas le seul profit matériel qui résultera de la loi.

Il y a d'autres profits matériels que celui que vous avez cité, profits matériels dont bénéficieront la marine marchande elle-même et tous ceux qui ont un intérêt direct à sa prospérité, comme ceux qui l'approvisionnent, qui se servent d'elle, comme nos industriels et nos commerçants qui ont un intérêt primordial, immédiat, certain à sa prospérité. (*Marques d'approbation sur un grand nombre de bancs.*)

M. L'AMIRAL DE CUVERVILLE. — Très bien! très bien!

M. LE MINISTRE. — Ce sont ces intérêts, dont quelques-uns, messieurs, peuvent très difficilement se chiffrer, qu'il faut ajouter aux chiffres qui vous ont été donnés, et je ne crois pas exagérer en disant que ces intérêts représentent, et de beaucoup, plus que les 5 millions nécessaires pour passer des 13 millions que l'on accuse aux 18 millions de charges qu'avouent les statistiques de M. le ministre des Finances.

Enfin, il y a une troisième condition que vous réclamez, monsieur Antonin Dubost, et qui n'est pas moins juste que les deux premières, c'est que les moyens proposés ne fassent pas prédominer les intérêts particuliers sur l'intérêt général.

Mais, quelle est donc, messieurs, une des raisons essentielles pour laquelle le Gouvernement et les deux Commissions de la Chambre et du

Sénat insistent si fort auprès de vous afin de substituer à la loi de 1893 une loi nouvelle? c'est que précisément, à leur sens, la loi de 1893 a favorisé d'une façon exorbitante les intérêts particuliers sans servir assez l'intérêt général. (*Très bien! très bien!*)

M. ANTONIN DUBOST. — Il en est toujours de même.

M. LE MINISTRE. — Non, il n'en est pas toujours de même; car je me permets de vous rappeler l'exemple que je vous citais tout à l'heure, à savoir que la loi de 1881 a servi l'intérêt général, sans faire prédominer des intérêts particuliers, et qu'aucune raison n'a jusqu'à présent été donnée, aussi bien dans la discussion de la Chambre et dans les très nombreux documents qui ont été produits, que dans les débats qui se sont développés autour de cette question, qui puisse faire croire que la loi que nous vous proposons fasse prédominer aucun intérêt particulier sur l'intérêt général.

Mais M. Antonin Dubost a été plus loin et il vous a dit : les causes de la décadence de notre marine marchande sont bien faciles à découvrir; je n'ai pas eu la peine de chercher. M. l'amiral de Cuverville ici, M. Estier à la Commission extra-parlementaire, les ont accusées avant moi. Elles se résument dans la principale, la plus éclatante : l'absence de fret.

M. Antonin Dubost s'est demandé comment

M. Estier et M. l'amiral de Cuverville, étant partis des mêmes prémisses que lui, sont arrivés à une conclusion diamétralement opposée, et comment ils avaient pu, sans nier, pas plus que nous-mêmes, la difficulté qu'ont nos armateurs à trouver toujours un fret suffisant, aboutir cependant, comme nous-mêmes, à conclure à la nécessité de la loi.

Pourquoi? Eh, messieurs, c'est parce que nous n'avons pas le temps de philosopher, il faut vivre. (*Très bien!*)

Je ne nie pas qu'il n'y ait beaucoup de causes secondes qu'il faudra reprendre, étudier de près, corriger; je ne nie pas que, par exemple, la dispersion des efforts qui se sont éparpillés sur tout le long de notre littoral au lieu de se concentrer sur quelques points bien choisis n'ait pas été pour une part, et peut-être une grande part, dans les faits qui se sont produits.

Il y a bien d'autres causes que je me suis permis de rappeler à la Chambre, qui ont été signalées d'ailleurs dans les longs débats de la Commission extra-parlementaire, qui ont pesé et qui pèsent encore sur la situation de notre marine marchande.

Mais en présence de quelle situation sommes-nous? Nous sommes devant une marine marchande dont il faut bien dire que chaque année accuse le déclin croissant; et si, depuis deux ans, on a pu très heureusement constater, au point de vue de la marine à vapeur, un léger relèvement, il n'y a pas d'illusion à se faire : ce relèvement est dû tout entier précisément à l'attente de la loi qui vous est soumise aujourd'hui.

Mais en somme que proposez-vous? Car enfin, c'est à une conclusion précise qu'il faut aboutir?

Si c'est l'absence de fret qui est la véritable cause de la décadence de notre marine marchande, allez-vous conclure que, comme la loi ne remédie pas en effet directement à cette absence de fret, il ne faut pas la voter, il ne faut rien voter du tout?

Inviterez-vous le Sénat à prendre la responsabilité de dire à la marine marchande : « La loi de 1893 est mauvaise, mais nous ne trouvons rien à mettre à sa place; mourez de votre belle mort! »

Assurément, le Sénat ne prendra pas une telle responsabilité.

M. Antonin Dubost. — Je n'ai pas dit cela!

*Un sénateur à droite.* — Mais vous avez conclu ainsi!

M. le Ministre. — J'entends bien; mais ce que je voudrais vous faire dire, c'est à quoi vous aboutissez. Car enfin, je le répète, il faut une conclusion.

Eh bien, j'ai essayé de montrer au Sénat — trop longuement peut-être (*Non! non!*) — comment et pourquoi nous avons été rigoureusement conduits à la nécessité de lui présenter le projet de la loi qui lui est soumis. Il vous est impossible, messieurs, moralement impossible, de ne point l'adopter dans ses grandes lignes, parce que — et je reviens ici d'un mot à ces intérêts moraux auxquels je faisais allusion tout à l'heure — parce qu'il y a bien autre chose en cause que les intérêts immédiats et directs de l'armement et de la construction, si importants d'ailleurs qu'ils soient.

Il faut que chaque pays ait la marine de sa politique. Nous avons une politique commerciale pour laquelle nous ne pouvons pas oublier que la marchandise suit le pavillon...

M. L'AMIRAL DE CUVERVILLE. — Très bien !

M. LE MINISTRE. — ... et que, partout où on voit le pavillon étranger prendre la place du pavillon français, c'est au bénéfice de nos rivaux et au détriment de la France que ce phénomène s'accomplit.

M. L'AMIRAL DE CUVERVILLE. — Très bien !

M. LE MINISTRE. — Nous avons une politique coloniale, et ce n'est pas ici, je pense, que j'ai besoin de défendre la nécessité d'y être fidèle.

Nous avons enfin, messieurs, une politique étrangère, pour laquelle nous avons besoin d'une marine militaire forte. Et sans marine marchande prospère, vous n'aurez point de marine militaire forte. (*Très bien! très bien! et applaudissements sur un grand nombre de bancs.*)

J'ai l'honneur de demander au Sénat, d'accord avec la Commission, de vouloir bien déclarer l'urgence qui a déjà été votée par la Chambre des députés.

## UN PROGRAMME DE 1900-1905

*Banquet du Syndicat des Entrepreneurs de Travaux publics, 21 Décembre 1906.*

Le Syndicat professionnel des Entrepreneurs de Travaux publics de France offrait, le 21 décembre 1905, son 24e banquet annuel, sous la présidence d'un délégué du ministre des Travaux publics.

Le président, M. Groselier, avait dénoncé la situation économique stationnaire de la France et affirmé l'impérieuse nécessité pour les pouvoirs publics d'aménager nos ports et nos routes fluviales, sous peine d'assister à la déchéance de notre industrie et de notre commerce dans le monde.

M. Millerand répondit à l'appel de M. Groselier par le discours suivant, qui montre que l'ancien ministre du Commerce n'a jamais séparé « de la poursuite du progrès social la défense des grands intérêts nationaux ».

MESSIEURS,

Les vacances parlementaires, en raréfiant le nombre des invités des deux Chambres, m'ont valu sans doute l'honneur et le péril de prendre à l'improviste la parole.

Si j'avais accepté avec empressement l'invitation que vous m'avez fait l'honneur de m'adresser, mon plaisir a redoublé en entendant les premières paroles par lesquelles votre président a ouvert le substantiel discours que nous avons tout à l'heure applaudi. Il a souligné avec l'autorité qui lui appartient le caractère que vous entendez donner à cette fête, et il a voulu que ses premiers mots fussent pour marquer qu'à côté de vous, vous entendiez, à ce banquet, donner une place et une large place à vos collaborateurs de tous les jours.

J'en suis, pour ma part, profondément touché; je suis convaincu que ceux qui, comme moi, pensent que le premier devoir du Gouvernement de la République est de poursuivre, sans se lasser, avec autant de résolution que de prudence, la réalisation des réformes sociales, et que le progrès social est le but premier des efforts d'une démocratie telle que la nôtre, partageront la joie que nous cause le spectacle de grands patrons affirmant ainsi publiquement l'union affectueuse qui les unit à leurs collaborateurs. (*Vifs applaudissements.*)

Mais il n'y a pas de progrès social, il n'y a pas de réformes sociales dans une nation qui ne se préoccupe pas d'abord de défendre et d'accroître sans cesse son patrimoine économique. Les réformes sociales coûtent cher et, pour les accomplir, il faut qu'un pays soit riche; c'est pour cela qu'on ne peut pas séparer de la poursuite du progrès social la défense des grands intérêts nationaux. (*Applaudissements.*)

Et comment pourrions-nous perdre de vue ce qui doit être le souci quotidien d'un gouvernement digne de ce nom, quand nous avons sous les yeux l'exemple si saisissant que rappelait tout à l'heure votre président en vous traçant, en quelques mots, le tableau des progrès qu'à nos côtés accomplissent tous les jours nos concurrents ?

Où que nous jetions les yeux, nous voyons nos rivaux redoubler d'efforts pour mettre leur outillage économique à la hauteur de tous les besoins; partout ce sont des routes nouvelles qui s'ouvrent, des canaux qui se creusent, des ports qui complètent leur outillage. Comment fermerions-nous les yeux à cette lumière éclatante et comment pourrions-nous un seul instant oublier qu'un peuple qui s'arrête recule, et que si, dans la guerre pacifique qui est le lot en ce temps de tous les peuples du monde, nous cessons un instant de progresser, nous cédons la place à des adversaires mieux armés et mieux avertis que nous ? (*Applaudissements.*)

Il ne suffit pas de rappeler ce devoir à une assemblée telle que la vôtre; sans doute il est indispensable, dans un pays qui veut non seulement demeurer grand, mais chaque jour devenir plus grand, d'avoir une armée de travailleurs comme vous, d'hommes tous les jours attelés à la tâche, poursuivant sans relâche le mieux fait.

Mais ce n'est pas assez : il faut, pour coordonner ces efforts, pour leur donner leur maximum d'intensité, que ceux qui sont naturellement désignés pour être les guides du mouvement économique, que ceux qui ont la responsabilité du gouvernement de ce pays, comprennent eux-mêmes, au même degré que vous, ses besoins et les devoirs qui, de ce fait, leur incombent.

Ils l'ont compris et, permettez-moi de vous le dire, c'est avec une certaine fierté, — pourquoi ne l'avouerais-je pas, — que j'entendais tout à l'heure évoquer ce programme de 1903, dont il me sera permis de rappeler qu'il a vu le jour en 1900 au Conseil supérieur du Commerce : la vigilance de mon ami, M. Baudin, alors ministre des Travaux publics, l'y a pris pour le porter au Parlement, qui en a fait le programme de 1903.

Mais il ne suffit pas pour un gouvernement d'avoir fait un programme, pas plus qu'à un entrepreneur il ne suffit d'avoir fait un plan; ce n'est rien de faire des programmes, si l'on n'y demeure fidèle; il faut de la méthode et surtout de l'esprit de suite; et mon excellent collègue et ami, M. Cochery, président de la Commission du budget, ne m'en voudra pas si j'applaudis aux paroles de M. le Président signalant qu'il est des économies onéreuses, qu'à réduire certains crédits, à retarder certains travaux, on ne fait que des économies apparentes;

et qu'on prépare pour l'avenir, pour un avenir très prochain, non seulement des déceptions, mais des dépenses beaucoup plus considérables et beaucoup moins profitables. (*Applaudissements.*)

Voilà pourquoi je suis avec vous pour demander aux pouvoirs publics, Gouvernement et Parlement, de rester étroitement fidèles au programme qu'on a arrêté, en même temps que de poursuivre, comme nous le faisons en ce moment, les tâches parallèles nécessaires.

On discutait, au moment de la séparation des Chambres, une loi à laquelle je ne pouvais pas ne pas penser en écoutant tout à l'heure le discours de votre président, je veux parler de la loi sur la marine marchande. Oui! Il est trop vrai que le fret qui devrait, semble-t-il, appartenir à nos armateurs, à notre pavillon, s'évade de nos ports pour aller chercher ailleurs des navires étrangers, et, s'il y va, ce n'est sans doute pas pour le plaisir de faire quelques lieues marines de plus, c'est qu'il y trouve son profit.

Il faut aller à la racine du mal, il faut relever cette marine marchande qui est un des éléments nécessaires de la grandeur et de la prospérité de la France, il faut reprendre les travaux de nos ports, à l'exemple de ce qui se passe à Hambourg, où j'étais il y a quelques mois, à Anvers, ou ailleurs encore; il faut, en un mot, travailler chaque jour à une France plus grande par la paix et par le travail. (*Applaudissements.*)

Messieurs, en portant un toast au Syndicat des Entrepreneurs de Travaux publics de France, c'est au travail, c'est à la prospérité du pays que je lève mon verre; à vous tous, Messieurs, à vos travaux, à vos succès! (*Applaudissements vifs et répétés.*)

## L'AUTONOMIE DES PORTS

*Deuxième Congrès des Travaux publics,*
*Bordeaux, 11 Octobre 1907.*

A l'occasion de l'Exposition maritime de Bordeaux, le deuxième Congrès des Travaux publics se tint dans cette ville. M. Millerand présida les première et cinquième sections réunies qui avaient à s'occuper de l'amélioration des ports de commerce et de la personnalité civile à donner aux grandes œuvres d'utilité publique.

Il y prononça le discours suivant :

J'ai eu l'honneur imprévu et le très grand avantage de présider aux travaux de vos première et cinquième sections réunies, chargées, comme vous le savez, d'étudier, l'une, l'amélioration des ports de commerce, l'autre, la personnalité civile à donner aux grandes œuvres d'utilité publique.

A ce titre, et tout en laissant à nos collègues, en particulier à nos éminents rapporteurs, MM. Maury et Lethel, le soin de s'expliquer sur chacun des vœux en particulier, je vous demande la permission, en guise de préface précisément à l'examen et au vote de ces vœux, de vous soumettre quelques observations tout à fait générales.

En lisant les documents si intéressants, rassemblés en vue de ce Congrès, vous avez, j'en suis sûr, été, comme moi, frappés des affligeantes constatations qui y réapparaissent comme un refrain.

Un demi-siècle ne s'est pas écoulé et Marseille, qui occupait sur la liste des grands ports d'Europe le second rang, tombe au sixième. Sans doute, le mouvement maritime des entrées n'a pas cessé de s'y accroître, mais sur un rythme infiniment plus lent que celui des cités rivales : et Anvers passé de 546.000 tonnes de jauge en 1860 à 9.816.000 en 1905, et Hambourg bondissant dans la même période de 948,000 tonnes à 10.400.000.

De même le mouvement total de nos échanges n'a pas cessé de s'accroître; mais combien celui de nos concurrents s'est augmenté plus rapidement !

En moins de trente ans, l'Allemagne et les États-Unis nous ont rejoints et largement distancés; et voici que nous sommes serrés, et de très près, par les Pays-Bas.

Quant à la décadence de notre marine marchande, des débats récents et répétés ne nous laissent malheureusement pas le droit de conserver aucun doute sur la triste réalité.

Devant de pareilles constatations, que faire? Gémir, nous lamenter, nous résigner? Assurément non.

Le mal est connu. Il faut trouver le remède et l'appliquer.

Eh bien! quelles sont les causes de cette infériorité de nos ports, de cette atonie de notre système circulatoire? Comment se fait-il qu'un pays, qui semble désigné par la nature comme le passage naturel des pays d'outre-mer au centre de l'Europe, comment se fait-il que le pays de la Loire et du Rhône ait laissé se créer en dehors de lui, et par conséquent contre lui, des courants commerciaux si malaisés ensuite à rectifier? Pourquoi nos commerçants et nos industriels en sont-ils réduits à attendre des grands travaux d'intérêt public dont l'utilité, dont la nécessité, dont l'urgence ne sont contestées par personne?

Je ne veux, Messieurs, quant à moi, faire le procès, ni de notre régime électoral — c'est ici un domaine qui nous est interdit — ni de notre administration. Il est trop aisé d'en médire, beaucoup plus peut-être que de s'en servir, encore bien que ce soit un merveilleux outil de travail pour qui veut en user. Laissons donc de côté les critiques stériles et allons au but, cherchons le remède.

Ce remède, Messieurs, vous le connaissez bien. C' st la troisième fois, en sept ans, que se réunit ce Congrès national des travaux publics français... C'est la troisième fois que vous l'indiquez et que vous le recommandez; il s'appelle d'un nom qui en dit à la fois trop et pas assez : l'autonomie des ports. Trop, parce qu'il ne s'agit pas de faire des ports de petits États dans l'État, isolés du reste de la nation et absolument indifférents à l'ensemble des grands intérêts du pays; pas assez, parce que ce n'est pas seulement pour les ports mais pour les voies navigables qui sont leurs affluents nourriciers, et d'une manière générale pour les grands travaux d'utilité publique, que ce procédé peut et doit être appliqué.

En quoi consiste-t-il?

Il consiste à donner à l'initiative des intéressés directs, Chambres de commerce, municipalités, Conseils généraux, Syndicats autonomes où seront représentés les grands intérêts locaux régionaux et nationaux, le droit de s'affirmer, avec, bien entendu, les corollaires nécessaires à toute initiative qui veut aboutir, c'est-à-dire avec la responsabilité et les charges, mais aussi avec l'administration, l'exécution et le contrôle. (*Applaudissements.*)

L'idée, Messieurs, je vous le disais, n'est pas neuve dans les milieux commerciaux, industriels et politiques; il faut la faire pénétrer dans le grand public, il faut lui conquérir cette puissance sans laquelle il n'y a pas de succès durable sous un régime de suffrage universel, l'opinion publique.

C'est votre tâche, Messieurs, et ce sera votre honneur. Il faut montrer au pays ce qu'ont fait, ce que font en ce moment tous nos concurrents : et l'Angleterre, et la Belgique avec Anvers, et la Hollande avec Rotterdam, et l'Allemagne avec Brême et Hambourg, et aussi et surtout l'Italie avec Gênes, dont le consortium est un exemple si propre à être imité et si digne d'être suivi.

Ah ! Messieurs, ils savent bien, nos rivaux, que le quai, le bassin qu'on construit dans un port ne doit pas viser à la perfection d'un objet d'art dont on peut dire que le temps ne fait rien à l'affaire ; ils savent que ce bassin, ce quai, il n'atteint, ne remplit son office, que si, rapidement construit pour les besoins d'aujourd'hui, il peut avec la même facilité et la même rapidité être démoli et remplacé demain pour la satisfaction des besoins nouveaux. (*Bravos, vifs applaudissements.*)

Bon pour nous, de mettre quatorze ans à nous décider à entreprendre, au Havre, des travaux devenus insuffisants à l'heure où l'on se résout à les commencer.

Est-ce que par hasard nous ne pouvons pas faire aussi bien et j'oserai même dire mieux que nos rivaux? Mais, Messieurs, la preuve en est écrite sur tous les points du globe, dans tant de ports étrangers, de la main de nos entrepreneurs et de nos ingénieurs.

Un pays aussi riche que le nôtre de ressources et d'hommes n'a pas le droit d'être pessimiste. L'avenir nous appartient, mais à une condition, c'est que nous passions de la parole aux actes, c'est que nous sachions vouloir et réaliser enfin nos conceptions.

Nous le pouvons, et le pouvant nous devons le faire. Il faut en finir avec des routines meurtrières qui nous ont trop coûté, et qui menaceraient de nous coûter davantage encore dans l'avenir.

Messieurs, ne nous faisons pas d'illusion. Ce qui s'agite, dans ce débat, sous ces problèmes en apparence exclusivement techniques, ce n'est rien autre que la question même de la grandeur morale de ce pays, intimement liée à sa prospérité économique. (*Vifs applaudissements.*)

Si l'on veut, comme celui qui vous parle le veut d'une façon ardente, et comme, j'en suis sûr, nous le voulons tous, si l'on veut que notre démocratie remplisse toute sa destinée, qu'elle continue à être la grande initiatrice qu'elle a été dans le passé, de la justice sociale comme de la liberté politique, il faut qu'elle soit forte et forte à tous les points de vue : puissance économique, puissance militaire, l'une et l'autre sont également nécessaires à un peuple qui ne veut pas déchoir. (*Applaudissements prolongés.*)

Eh bien! rien certes n'est perdu; mais il est temps et grand temps de nous ressaisir. C'est pour moi une très grande joie et un très grand honneur que d'avoir été modestement associé à l'œuvre que vous accomplissez en ce moment. Il faut la continuer; parlez, agissez, faites passer dans les esprits la foi qui vous anime et pour le bien et pour le salut de ce pays, j'en ai la confiance, vous serez entendus et suivis. (*Triple salve d'applaudissements.*)

# X

# POLITIQUE GÉNÉRALE

## LE DEVOIR PATRIOTIQUE

*Dunkerque, 28 Août 1905.*

En 1901, étant ministre du Commerce, et quelque temps après comme Président de la Commission extra-parlementaire de la marine marchande, M. Millerand avait eu à examiner la situation des diverses catégories de travailleurs qui se rattachent à cette branche importante de notre industrie nationale. Les pilotes de la station de Dunkerque offrirent à M. Millerand, en témoignage de leur reconnaissance, la présidence de leur assemblée générale du 28 août 1905.

Dans le discours qu'il prononça au banquet, M. Millerand posa à nouveau ce principe qu'une démocratie a plus qu'aucun autre gouvernement besoin d'ordre et d'une discipline volontairement acceptée. Si une voix isolée s'élève pour nier le devoir patriotique, elle doit s'éteindre sous la réprobation universelle.

Les pilotes de France ont fait au Président de la Commission extra-parlementaire de la marine marchande l'honneur de lui offrir la présidence de leur assemblée et de ce banquet.

Leur invitation a été pour moi une bonne fortune. Je n'oublierai de longtemps l'impression saine et réconfortante que j'ai ressentie à entrer en relations avec des travailleurs comme vous, tout entiers absorbés par ce rude métier de la mer, si attachant et si beau parce qu'il est inséparable de l'idée toujours présente du péril et du sacrifice.

L'heure est propice pour conduire à votre école notre démocratie. Elle puisera près de vous des enseignements nécessaires.

A côté des ouvriers de l'usine, des employés, des artisans, des petits commerçants, des travailleurs de la terre, vous marquerez votre place. Si vous ne vous confondez pas avec vos camarades de labeur, vous n'auriez garde de vous en isoler. Votre cœur bat à l'unisson du leur. Vos espérances sont les mêmes. Votre idéal n'est pas différent. Comme eux, vous voulez toujours plus de liberté, toujours plus de justice. Avec eux vous poursuivez la légitime amélioration de votre sort, jaloux vous aussi d'assurer la sécurité du lendemain, ce bien si précieux, plus cher aux Français peut-être qu'à personne au monde.

La République a déjà réalisé, au point de vue social, d'incontestables et importants progrès. Ce qu'elle a fait n'est rien auprès de ce qu'elle projette. Le devoir des travailleurs est d'aider, dans cette tâche difficile et grandiose, dont le succès leur tient à cœur, le Parlement et le Gouvernement républicains. Vous avez en mains l'arme émancipatrice, la liberté de vous associer, le droit de vous syndiquer.

Vous savez à qui vous le devez, et votre gratitude m'a précédé dans l'hommage que j'adresse au grand homme d'État qui vous dota de cette inestimable conquête.

Le souvenir de Waldeck-Rousseau est à sa place en cette assemblée. Ce Breton doux et tenace qui, toute sa vie, eut la passion et presque la hantise de l'Océan, se fût trouvé à l'aise et comme en famille au milieu de cette réunion de gens de mer, d'hommes comme lui réfléchis et silencieux, qu'il avait dès l'enfance appris à connaître et à aimer.

Il est parti trop tôt. Que sa mémoire du moins nous inspire!

S'il fut un bon serviteur du peuple, c'est qu'il se proposa toujours de l'instruire sans descendre jamais à le flatter. Il sut, avec la même vigueur et la même éloquence, revendiquer ses droits et proclamer ses devoirs.

La démocratie française, fille d'un long et glorieux passé, à qui son histoire, ses traditions, jusqu'à la place qu'elle occupe sur le globe, ont concouru à composer peu à peu une physionomie et un rôle uniques, cette démocratie doit accepter, sous peine de déchéance, de graves et d'étroites obligations.

La première de toutes est de s'imposer à elle-même une discipline morale. Sous le régime sorti de la Révolution, d'où, de qui viendra la règle maîtresse et nécessaire, faute de laquelle surgit l'anarchie?

L'ordre, ce besoin élémentaire et primordial de toute société, n'y peut naître que de l'acceptation raisonnée et consciente d'une organisation et d'une discipline communes.

Combien est plus impérieux et plus pressant ce besoin d'organisation et de règle, pour une démocratie placée comme la nôtre au milieu d'une Europe que, depuis trente-cinq ans, la justice immanente des choses condamne au système épuisant de la paix armée!

Paix précaire qu'il ne suffit pas que nous voulions passionnément garder, pour que nous soyons assurés de la maintenir, car elle ne dépend pas que de nous. Si les hommes de violence et de proie nous font horreur, nous n'éprouvons que mépris et répugnance pour les victimes résignées et passives vouées à la boucherie. Le plus sûr moyen que nous conservions la paix, c'est qu'on sache que nous ne craignons pas la guerre.

Qui a l'honneur et la responsabilité de parler à ce pays ne saurait lui tenir aujourd'ui un langage différent de celui qu'au lendemain de nos désastres, avec tant de mesure et de fermeté, lui faisait entendre Gambetta, lorsque après avoir sauvé l'honneur il préparait l'établissement définitif de la République dans la France relevée.

Aujourd'hui, comme alors, le devoir militaire est le devoir de tout citoyen. La France a besoin, autant que jamais, pour la sauvegarde de son indépendance, d'une armée redoutable et d'une flotte puissante. Tous les partis le reconnaissent. Qu'une voix isolée s'élève pour nier le devoir patriotique : elle parle dans le désert et s'éteint sous la réprobation universelle.

Ce pays est d'esprit trop clair, de sens trop aiguisé, il a trop la volonté et l'ardeur de vivre, pour se laisser prendre au piège de ces exercices de rhétorique meurtriers.

Une besogne urgente et ardue le sollicite. Il a entrepris de mener à bien l'œuvre politique et sociale la plus audacieuse dans sa logique.

Le pays de la Déclaration des Droits de l'homme entend donner au monde le spectacle, jusqu'à lui inconnu, d'une nation uniquement gouvernée, à l'exclusion de tout pouvoir traditionnel ou surnaturel, par la raison Il veut s'attaquer à toutes les iniquités accumulées par les siècles pour, sur leurs ruines, fonder le règne de la justice.

Que de difficultés à vaincre, que d'obstacles à surmonter avant de toucher le but ! Ce n'est pas trop, pour y réussir, que de concentrer toutes ses forces, de les porter à leur maximum d'intensité.

Certes nous disposons de ressources naturelles d'une variété et d'une abondance admirables. Nos agriculteurs, nos commerçants, nos industriels — pour ne parler que d'eux — rivalisent d'ingénieuse et efficace activité. Ils ont montré, ils montrent chaque jour quel est le ressort de notre race et qu'on peut tout en espérer. Nous sommes légitimement fiers de notre puissance d'épargne, de notre crédit. Si, pour toucher un point qui vous intéresse de plus près, notre marine marchande a vu sa prospérité fléchir, elle n'attend qu'un peu d'encouragement et d'aide pour se relever et pour reprendre la place qu'une grande nation commerçante et colonisatrice n'a pas le droit de déserter. J'éprouverais quelque embarras à louer ici, comme il convient, l'admirable population de nos côtes : mais, entre mille preuves de notre vitalité, il me sera permis de citer et de souligner d'un mot la merveilleuse expansion du port de Dunkerque sous la troisième République.

Ayons foi en l'avenir et sachons en attendre, avec une tranquille certitude, les réparations nécessaires. Jamais l'esprit public en notre pays ne fut moins fiévreux ni plus maître de lui. L'homme politique expérimenté qui a la charge et l'honneur de parler, à cette heure, au nom de la France, n'ignore pas qu'il peut s'appuyer sur une opinion publique avertie et réfléchie.

La République française sait où elle va et ce qu'elle veut. Sans forfanterie comme sans faiblesse, sûre de son droit, confiante en sa force, elle poursuit, dans le calme et dans la paix, l'accomplissement de ses destinées pour le développement de la civilisation et pour le bien de l'humanité.

## L'ŒUVRE DE LA LÉGISLATURE PROCHAINE

*Salle Vianey, 23 Février 1906.*

**Le 23 février 1906, au moment du renouvellement de la Chambre des Députés, — les élections eurent lieu en mai, — le Comité républicain socialiste du XII^e arrondissement ouvrit la période électorale par un discours-programme que fit son élu, M. Millerand. L'ŒUVRE DE LA LÉGISLATURE PROCHAINE, tel en fut le thème.**

**Après avoir constaté que la loi de séparation, qui avait été votée dans un esprit empreint de libéralisme, apportait un changement dans l'orientation de la politique française, le député du XII^e esquissa les principales réformes qui, tant à la Chambre qu'au Sénat, attendaient d'être examinées et résolues.**

**Il en forma deux groupes : les questions économiques et sociales; les questions politiques.**

**Dans sa péroraison, prévoyant déjà les conséquences des théories antipatriotiques, il demandait au parti républicain socialiste de dissiper toute équivoque et toute confusion en répudiant énergiquement cette « criminelle folie ». Il sollicitait qu'on se prononçât contre, sans subtilité.**

Le Comité républicain socialiste, avec lequel, depuis plus de seize ans, je marche en complet accord dans cette circonscription, a estimé que l'heure était venue d'esquisser les grandes lignes du programme qui, dans les quatre années de la législature prochaine, doit, selon nous, remplir l'activité du parti républicain. Je prends la parole ce soir, pour déférer à son désir.

Un changement profond vient d'être introduit dans la vie de ce pays par le vote de la Séparation ; elle est rentrée dans les lois, il reste à la faire passer dans les mœurs. En dépit de manifestations violentes, que les catholiques sages et prévoyants doivent être les premiers à déplorer, malgré des protestations qu'il était aisé de prévoir, il faut compter que du côté de l'Église les conseils de prudence et de paix prévaudront. Quant à nous, nous sommes décidés à appliquer dans l'esprit où elle a été votée une loi de liberté qui doit atteindre ce double but : assurer aux croyants de toutes confessions le libre exercice de leur religion, consacrer l'indépendance complète de l'État et des Églises. Cette question capitale ainsi réglée, les pouvoirs publics n'auront plus ni raison ni prétexte pour perdre leur temps aux querelles si âpres et si desséchantes nées de la lutte anticléricale. Ils seraient désormais sans excuse de ne pas se donner tout entiers au développement de la grandeur et de la richesse du pays définitivement entré en possession de sa forme nécessaire de gouvernement, de celle qui lui permet de gérer souverainement lui-même ses propres intérêts.

C'est aujourd'hui un lieu commun — et quel signe plus décisif du progrès de nos idées? — d'affirmer que, dans une grande démocratie de suffrage universel telle que la nôtre, la réalisation des réformes sociales doit tenir dans les préoccupations publiques la première place. La législature qui finit lègue à celle qui vient une grande œuvre à mettre au point et à accomplir : l'assurance sociale contre la vieillesse, la création des retraites ouvrières. Je veux me contenter aujourd'hui d'en enregistrer l'adoption par la Chambre; nous aurons plus d'une fois l'occasion de reprendre ensemble ce sujet. Elle constitue l'un des chapitres d'un livre dont quelques autres sont, les uns presque achevés, les autres à peine ébauchés.

L'assurance contre les accidents est aujourd'hui complètement entrée dans les mœurs : il ne reste plus qu'à en étendre l'application au commerce et à l'agriculture.

L'assurance contre la maladie a été, grâce aux progrès de la Mutualité, poussée déjà assez loin; elle est appelée à recevoir, par suite de l'organisation des retraites ouvrières, et des encouragements considérables que décerne la loi aux Sociétés de Secours mutuels, un nouveau stimulant.

Nous avons jeté le germe de l'assurance si importante contre le chômage par l'inscription dans la loi de finances d'un crédit de subvention aux institutions libres déjà fondées pour combattre ce fléau par les associations privées, notamment par les syndicats ouvriers.

Il faudra enfin tenir la promesse si souvent renouvelée aux employés et ouvriers de chemins de fer d'améliorer leur régime de travail et de retraites.

Ce n'est pas assez de garantir les travailleurs contre les risques de la vie par l'organisation d'assurances sociales. La société se doit à elle-même de leur assurer des conditions humaines de travail, principalement dans ces grandes agglomérations dues au progrès de la science et au développement du machinisme.

Je revendique l'honneur d'avoir obtenu du Parlement, en 1900, le vote de la loi de dix heures. Seuls en profitent les hommes qui travaillent en collaboration avec des femmes ou des mineurs. Ainsi limitée, son application a soulevé des difficultés de diverses sortes. Le Sénat a voté, sur l'invitation de MM. Méline et Richard Waddington, une proposition de loi dont la Chambre est saisie et que la législature prochaine devra reprendre. L'Association pour la protection légale des travailleurs a, au rapport de MM. Strohl et Fagnot et au mien, adopté sur cette question un projet qui, le moment venu, devra retenir l'attention des Chambres. En même temps que par l'extension de la loi de dix heures à tous les adultes disparaissent des griefs justifiés, un mode nouveau de limitation du travail emprunté à l'industrie anglaise, la réglementation hebdomadaire qui assure aux travailleurs le repos si précieux de l'après-midi du samedi, pourrait être facultativement adopté. Ces mesures devront être complétées par l'adoption de la loi sur le repos hebdomadaire depuis longtemps en suspens devant le Sénat.

D'autres propositions de loi doivent aboutir qui ont trait à l'organisation des travailleurs. La Chambre est saisie par sa Commission du travail d'une proposition de loi qui reprend à peu près intégralement les dispositions relatives à l'extension de la loi de 1884 sur les syndicats, soumises à la législature précédente par Waldeck-Rousseau et par moi.

L'organisation des Conseils du travail, qui a subi un temps d'arrêt, devra être reprise et étendue.

Telles sont, dans leurs grandes lignes, quelques-unes des réformes les plus urgentes qui intéressent les travailleurs. Sous ce vocable, qu'on le sache bien, nous n'entendons pas seulement viser les ouvriers « urbains »; un des résultats de la loi des retraites aura été de mettre en lumière la convenance qu'il y a à traiter sur le même pied les ouvriers agricoles et leurs camarades des villes. Cette vue équitable doit inspirer et commander toutes les lois sociales. Sans doute les modes d'application peuvent différer avec le genre de travail; les principes sont identiques. Il n'est pas moins important pour l'ouvrier des champs que pour l'ouvrier des villes d'être assuré contre les accidents du travail, contre la maladie, contre le chômage, contre la vieillesse. Dépendant par la nature même de ses occupations des variations et des caprices du temps, menacé à chaque instant d'en être la victime, le travailleur agricole doit trouver, et il trouve déjà dans l'organisation sociale, un secours et une protection nécessaires. Les assurances contre les intempéries et les épizooties se multiplient, le crédit agricole se développe, les syndicats agricoles deviennent de plus en plus nombreux. Les associations de production appliquées aux produits de la terre et de la ferme prennent un développement aussi heureux qu'important. Des lois ont été votées, d'autres sont sur le point de l'être, inspirées de cet esprit. Parmi les plus intéressantes, il convient de citer celle qui se propose d'acclimater sur notre sol le « homestead », c'est-à-dire de garantir au petit propriétaire qu'il ne sera pas évincé du lopin de terre qui constitue son instrument de travail. En tournant de ce côté ses préoccupations, le gouvernement républicain fait acte de prévoyance patriotique autant que de justice sociale. Trop de motifs poussent déjà à l'exode des champs vers la ville, pour qu'inconsciemment le législateur y aide. Entre les travailleurs, la démocratie ne connaît pas de distinction, et l'époque est passée où l'on se flattait d'opposer à la République des ouvriers la République des paysans.

En disant qu'entre les travailleurs la démocratie ne fait pas de distinction, j'ai par avance répondu aux questions débattues ces temps derniers au sujet d'une catégorie particulière de travailleurs : les ouvriers et employés de l'État.

Le règlement de leur sort ne constitue, à vrai dire, qu'un cas particulier d'un problème général. On a versé beaucoup d'encre et dépensé beaucoup d'éloquence pour savoir si ouvriers et employés de l'État auraient ou non le droit d'apposer l'étiquette syndicale sur les associations que la loi de 1901 leur permet, comme à tous les citoyens, de fonder, en y attachant des droits, à peu de chose près, identiques à ceux que confère la loi de 1884.

J'avoue ne pas avoir encore réussi à découvrir l'intérêt de cette polémique. Sous cette question de forme une autre se pose, la vraie, qui est de savoir s'il sera permis aux ouvriers et employés de l'État, aux fonctionnaires de tout ordre de compromettre, par une cessation subite et simultanée du travail, les services publics dont ils ont la charge, les intérêts nationaux les plus délicats et les plus considérables. Question grave, à coup sûr. Mais l'est-elle beaucoup moins lorsqu'elle se pose entre les ouvriers et les employeurs de l'industrie privée? On a vite oublié, pour ne parler que de celles-là, les grèves qui ont désolé Marseille. Pense-t-on que pour s'être produites entre particuliers elles n'aient pas causé à l'intérêt général le tort le plus sensible? Que conclure de là, sinon que, comme je l'indiquais, la situation des ouvriers et des employés de l'État n'est qu'un cas particulier d'un problème plus général et qu'il convient de résoudre l'un et l'autre selon les mêmes principes généreux, sans oublier cependant que le cas des ouvriers et employés de l'État est à la fois plus aigu, et, j'ose le dire, plus aisé à résoudre.

En 1900, le Gouvernement a déposé, sous la signature du président du Conseil, Waldeck-Rousseau, et sous la mienne, un projet repris par moi, en 1902, à titre de proposition de loi, sur le règlement des conflits du travail et sur l'organisation ouvrière. Il faudra bien, et le temps y travaille, qu'on se décide enfin à en aborder l'examen, qu'on se résolve à faire cesser l'anarchie économique qui a déjà causé à tant de familles ouvrières, comme à la production nationale, d'incalculables dommages. Dès à présent, les administrations publiques ont la faculté, et par conséquent le devoir, d'appliquer à leur personnel d'ouvriers et d'employés des règles d'organisation qui, en assurant la solution équitable des conflits particuliers ou collectifs, rendent inutiles et par suite impossibles des grèves dont le souci le plus élémentaire de l'intérêt national ne permettrait à aucun gouvernement d'accepter l'éventualité.

Comment prononcer les mots de réformes sociales sans que, comme un écho, ne répondent ceux de réformes financières. Tous les ministres des finances qui se sont depuis dix ans et plus succédé au pouvoir, appartenant d'ailleurs à toutes les nuances de l'opinion républicaine, ont tour à tour accepté l'idée et proposé des formes diverses d'un meilleur aménagement de nos contributions publiques. Sans vouloir, dans cet exposé rapide, m'arrêter aux détails, je ne rencontrerai pas de contradicteur si je dis que la réforme si souvent promise de notre régime fiscal ne peut être plus longtemps ajournée, imposée qu'elle est d'ailleurs par les nécessités de la politique générale.

Il faut qu'un pays ait les finances de sa politique. Or, la démocratie française n'a pas seulement à supporter les charges de la politique sociale dont j'esquissais les lignes principales, elle entend ne délaisser aucun de nos grands intérêts nationaux. Ceux de notre industrie, de notre agriculture, de notre commerce réclament, à cette heure même, une sollicitude particulière.

Le régime douanier de l'Europe centrale vient de subir de profonds remaniements ; il est impossible que nous n'en ressentions pas la répercussion. La question est d'ailleurs posée. Hier le Parlement votait à la dernière minute une convention avec la Russie qui ne laisse pas que d'ouvrir une brèche dans les bases sur lesquelles repose le régime économique de 1892. Des négociations se poursuivent en ce moment même avec la Suisse.

Un procédé nouveau a fait son apparition dans la rédaction de ce genre de conventions internationales : la spécification des tarifs. Elle permet de tourner la clause de la nation la plus favorisée et d'en ravir en fait le bénéfice à tel pays que l'on veut, rien qu'en multipliant les articles du tarif et en donnant à chacun d'eux une définition à la fois si minutieuse et si précise que les produits du pays visé soient exclusivement frappés d'un droit qui épargne tous les autres.

Pour nous défendre efficacement contre des procédés de cette nature, nous avons à coup sûr, on l'a dit avec raison, autant d'ingéniosité que nos rivaux. Mais pour les combattre nous avons autre chose et mieux à faire : c'est de ne négliger aucune des armes qui peuvent être à notre disposition dans la lutte économique, c'est de mettre en valeur toutes nos richesses naturelles.

Mon collègue et ami Pierre Baudin et moi avons eu l'honneur de prendre l'initiative d'un programme de travaux publics, ratifié d'avance par l'approbation des intéressés. Il faut en poursuivre l'achèvement. L'exemple donné tout près de nous par nos concurrents économiques, à Anvers, à Hambourg, ne doit pas être perdu. La question de l'autonomie de nos grands ports, celle des ports francs, celle des tarifs soudés de chemins de fer et de navigation se posent de la manière la plus urgente. Loin d'éluder ces problèmes d'une importance vitale, il faut les résoudre sans retard au mieux de nos intérêts.

Un élément indispensable de la richesse économique d'un pays est sa puissance matérielle. Avec qui se refuserait à tenir, dans l'état actuel de l'Europe, le devoir militaire pour le premier devoir d'un citoyen français, il n'est pas de discussion possible. Personne moins que moi n'est tenté d'exagérer l'importance d'une agitation toute de surface ni de tourner au tragique ce qu'il suffit de prendre au sérieux. Mais puisque nous avons eu la tristesse de voir une poignée de *socialistes* se parer du titre d'anti-patriotes, c'est à ceux qui, comme nous, ont depuis longtemps adopté la qualification de socialiste et formulé un programme socialiste, de faire entendre la répudiation la plus catégorique de cette criminelle folie. Là-dessus on ne saurait souffrir ni subtilité, ni équivoque. Les fauteurs d'une telle entreprise il faut être pour ou contre. Nous sommes contre, sans réticence. Non seulement parce qu'au point de vue secondaire des luttes politiques, rien plus que le succès, même apparent ou éphémère, de tels paradoxes ne serait propre à favoriser, par une invincible réaction, la floraison du chauvinisme et du nationalisme; mais parce qu'à un point de vue supérieur et primordial il mettrait en péril l'existence même de la Patrie. Aussi bien, sans rien perdre de son caractère, l'armée tend de plus en plus, avec le service réduit, à devenir une grande école; et je suis heureux de saluer l'entrée dans ses rangs de générations nouvelles d'officiers chaque jour pénétrés davantage du rôle si noble et si élevé qui leur incombe.

Notre politique extérieure n'est et ne peut être que le rayonnement de notre politique intérieure. Résolument pacifique, respectueuse de l'indépendance et des droits d'autrui, comme elle est jalouse des siens, fidèle à ses alliances et à ses amitiés, la République française entend consacrer l'effort essentiel de sa diplomatie à développer, par une série ininterrompue de conventions internationales, les améliorations qu'elle aura d'abord réalisées chez elle. Ainsi, en même temps qu'elle servira la cause de la civilisation et de l'humanité, elle défendra, de la manière la plus heureuse et la plus légitime, ses intérêts propres. Une situation intolérable serait faite à nos producteurs s'ils devaient subir le poids d'une législation sociale extrêmement développée, sans que leurs concurrents eussent à supporter des charges équivalentes. C'est cette double pensée qui a inspiré, à Berne, les délégués du Gouvernement français. De cette Conférence est sortie une entente internationale, qui sera bientôt un fait accompli, sur le travail de nuit des femmes. Nous devons nous appliquer à poursuivre la réalisation d'autres ententes de même nature.

Telle est la politique que nous croyons pouvoir recommander à l'adoption du Parti républicain. Il faut à cette politique ses instruments : des Pouvoirs publics confiants dans la grandeur de la tâche à laquelle ils travaillent, animés de la seule passion du bien public, serviteurs du pays et non prisonniers d'un groupe, qui ne soient, pour traduire d'un mot ma pensée, ni des sceptiques, ni des sectaires; un Gouvernement qui sache prendre l'initiative et assumer la responsabilité des réformes; qui, en possession de la confiance de la majorité, comprenne que son rôle est de la guider plutôt que de la suivre; des représentants du peuple, dignes de ce beau nom, assez conscients de leurs devoirs envers le pays pour subordonner les considérations locales à l'intérêt général.

Former ce vœu, c'est du même coup proscrire le scrutin d'arrondissement. Il a porté ses fruits naturels. Les plus éminents des républicains avaient prévu de loin le spectacle dont il nous a été donné d'être les témoins attristés, et condamné avec la dernière énergie un régime électoral qui renfermait en soi les causes fatales de sa ruine. Qui de nous a oublié la sévérité des jugements prononcés par les Gambetta, les Waldeck-Rousseau et tant d'autres sur le scrutin d'arrondissement? Le système n'a que trop justifié leurs appréciations et leurs craintes, et ce n'est rien exagérer que dire que la France et la République ne sauraient, sans danger, y être plus longtemps soumises. La réforme électorale sera la réforme politique de la législature prochaine. Dans le scrutin de liste et la représentation proportionnelle, le Suffrage universel trouvera enfin les règles tutélaires indispensables à l'exacte et complète manifestation de ses volontés.

L'œuvre, vous le voyez, ne manque pas à la législature prochaine. Que tous les républicains, sans distinction de nuance de la Montagne à la Plaine, s'unissent en un courageux effort, pour réaliser ce programme pacifique et fécond sous les auspices et la conduite du citoyen droit et sage qui vient d'inaugurer, au milieu de la respectueuse sympathie du pays républicain, une présidence qui doit être riche en œuvres de liberté, de justice et de solidarité.

---

# TABLE DES MATIÈRES

## VI

### Les Retraites ouvrières.



## VII

### La Mutualité.



## VIII

### Enseignement technique.



## IX

### Les grands Intérêts économiques.



## X

### Politique générale.

PARIS. — L. MARETHEUX, IMPRIMEUR, 1, RUE CASSETTE. — 17780.

www.ingramcontent.com/pod-product-compliance
Ingram Content Group UK Ltd.
Pitfield, Milton Keynes, MK11 3LW, UK
UKHW020159250726
13967UKWH00003B/1146